平安日本

[日] 茂吕美耶 著

当代中国出版社
2021年·北京

原著：《平安日本》/［日］茂吕美耶　著
通过成都同舟人文化传播有限公司（E-mail: tzcopypright@163.com）
经作者茂吕美耶授权给当代中国出版社在中国大陆发行中文简体字纸质版和电子书版权
© 2017该出版权受法律保护，非经书面同意，不得以任何形式任意重制、转载

版权合同登记号　图字：01-2017-8483

图书在版编目（CIP）数据

平安日本/（日）茂吕美耶著 . -- 北京：当代中国出版社，2021.4
ISBN 978-7-5154-0902-3

Ⅰ. ①平… Ⅱ. ①茂… Ⅲ. ①社会生活—史料—日本—平安时代（794-1192）Ⅳ. ① K313.25

中国版本图书馆 CIP 数据核字（2018）第 300109 号

出 版 人	曹宏举
责任编辑	隋　丹
特约编辑	孙泽娟
外文审订	杨建兴
责任校对	康　莹
封面设计	胡椒设计
出版发行	当代中国出版社
地　　址	北京市地安门西大街旌勇里 8 号
网　　址	http://www.ddzg.net　邮箱：ddzgcbs@sina.com
邮政编码	100009
编 辑 部	（010）66572264　66572154　66572132　66572180
市 场 部	（010）66572281　66572161　66572157　83221785
印　　刷	北京润田金辉印刷有限公司
开　　本	880 毫米 ×1230 毫米　1/32
印　　张	8.25 印张　1 插页　插图 87 幅　176 千字
版　　次	2021 年 4 月第 1 版
印　　次	2021 年 4 月第 1 次印刷
定　　价	56.00 元

版权所有，翻版必究；如有印装质量问题，请拨打（010）66572159 转出版部。

新版自序
我应该可以再度提笔写书了

《物语日本》《江户日本》简体版初版第一次印刷于2006年8月上市，我记得当时的大陆市场反应相当不错，读者的热情捧场让出版社持续加印了六次。接着是《平安日本》和《传说日本》简体版也随后上市。这四本书算是我的初期作品，就冷门小众的人文社科类图书来说，不论繁体版或简体版，每一册的累计销量都还算颇佳，在当时甚至可以说是一枝独秀的畅销书。

之后，销量逐渐下滑，十多年后，连繁体版也停止加印。由于简体版版权和繁体版绑在一起，我于是在繁体版合约期限到期时，干脆收回版权，让《物语日本》《江户日本》《平安日本》这三本书绝版，并收回《传说日本》简体版版权。

绝版后，陆陆续续又有其他大陆出版社来信征求版权，表示想让这四本书重新问世，我都婉拒了。因为我对这四本书怀有特殊的感情，一直想重新整理内容，或删除修改某些文章，或补充某些新文章，让其再度出现。无奈，我必须不断出新书，否则无法养活自己和家中那七只"喵星人"，因此除了物理性的时间外，在非物理性的精神领域上，我也缺乏余裕着手改版之事。

我是个纯粹靠稿费与版税收入糊口的专职作家。相信有很多人都心知肚明，光靠不定期的稿费和非固定的版税收入，其实很难维持生计。幸好我还有另一项翻译工作，两者加起来，才勉强可以达到日本政府所制定的最低生活保障线，也就是贫穷线。即便如此，倘若我不勤快写书，稍微一偷懒，便会四脚朝天坠入日本社会底层之"下流老人"阶层。

所谓"下流老人"，是日本社会于 2015 年出现的新名词。日文的"下流"（karyu）相当于中文的"下游"，除了江河水流靠近出海口之处的"下游"外，另一个意思是社会下层、底层，也就是生活贫苦、地位卑微的社会阶层。"下流老人"正是生活水平处于或低于贫穷线的高龄者，他们的特征是收入少、存款少、四周可仰赖的人少（社会孤立）。

日本人口老化速度居全球第一，目前总人口中有四分之一是 65 岁以上的银发族，整个国家社会已经在原地踏步了二十年。往昔的"钱都握在老人手里"的迷思早已破解，银发族户的贫穷率高达 27%（2016 年资料）；换句话说，占总人口四分之一的银发族中，有四分之一是贫户。如果单独抽出女性独居户的数据，则半数以上是贫户，而我，虽然年龄还不到 65 岁，但收入少、存款少、独居户，正是典型的"下流老人"候补生。

大约在三年前，我曾计划再度走上社会，找一份每个月可以领薪资的工作。只是，以我的年龄和学历以及工作经历条件来看，我只能应聘时薪大约 950 日元的兼职工作，例如超市收款机店员或餐厅洗碗工以及在医院负责膳食的工作人员或清洁工。我不嫌弃这类工作，反正窝在家里打稿一样得做做炊事洗碗打扫等家事，不料，就在我准备应聘工作时，我的膝关节竟然出了毛病，因膝盖疼痛而导致行动不便，只能放弃出外工作的念头。医院换了好几家，从可以利用健保的大医院骨科、复健科起,到一次至少需付5000日元的针灸推拿治疗院等,能去看病的地方都去了,均不见效。

这种长期的慢性疼痛真的会磨人心志,不但令我失去自信,日子也过得心神恍惚,最后甚至丧失了使用文字的能力。每当我坐在计算机前打算打稿时,往往在数小时后,却发现我只能打出彼此毫无关联的几个单词;每个单词我都懂得意思,却不知该怎么将这些单词连接成句子。文字能力失控使我甚至想去找心理医生。

尽管如此,我还是尽己所能完成了《物语日本》的改版,让繁体版于2017年5月上市。巧的是,同一年夏季,我收到中国大陆某版权代理公司来信,表示有出版社想出这四本书,问我意下如何。商谈了几个月,我们终于在年底签订了合同。此外,我也和中国大陆其他出版社签订了几本新书合同。

扳指一算,2018年居然是我版权输出数量最多的一年,除了新版《物语日本》《江户日本》《平安日本》《传说日本》,另有《明治日本》(四川文艺出版社)、《大正日本》(四川文艺出版社)、《大奥日本》(广西师范大学出版社)以及繁体版新版《Miya字解日本:食、衣、住、游》(台湾麦田出版社),总计八册。

正是这八册新书的版税令我暂时缓解了经济压力。我非常感激中国大陆的出版社在同一年度引进了我的书,让我摆脱自此停笔的念头,重新提起用单词组成句子、再用句子构成文章的兴致。

我想,我应该可以再度提笔写书了,也应该坚持不懈地写下去。

茂吕美耶
2018年7月于日本埼玉县

目录
Contents

第一章 政事·人物

第一节　平安时代、平安京与怨灵　　／ 002
第二节　恶女药子　　／ 010
第三节　征夷？征鬼？　　／ 014
第四节　摄关政治　　／ 020
第五节　你是贵族吗？　　／ 024
第六节　学问之神　　／ 028
第七节　小野小町　　／ 034
第八节　将门冢　　／ 043

第二章 饮食·男女

第一节　平安饮食　　／ 056
第二节　塑造平安女性美　　／ 061
第三节　男人真命苦　　／ 065
第四节　女人也很辛苦　　／ 074
第五节　平安式恋爱　　／ 084

第三章 阴阳·神佛

第一节　当神道遇见佛教　　／ 106
第二节　最澄与空海　　／ 119
第三节　阴阳道　　／ 124

第四章　文字·文学

第一节　汉字，能这样玩吗　　　　　　　／130
第二节　男文字，女文字　　　　　　　　／136
第三节　和汉混血文字　　　　　　　　　／141
第四节　闲谈平安文学　　　　　　　　　／146

第五章　选说《源氏物语》

第一节　桐壶　　　　　　　　　　　　　／174
第二节　帚木　　　　　　　　　　　　　／182
第三节　空蝉　　　　　　　　　　　　　／189
第四节　夕颜　　　　　　　　　　　　　／197
第五节　末摘花　　　　　　　　　　　　／204
第六节　藤壶　　　　　　　　　　　　　／211
第七节　葵姬与六条妃子　　　　　　　　／223
第八节　胧月夜　　　　　　　　　　　　／229
第九节　花散里　　　　　　　　　　　　／234
第十节　明石君　　　　　　　　　　　　／239
第十一节　紫之上　　　　　　　　　　　／246

附录：平安历代天皇　　　　　　　　　／256

第一章

政事・人物

第一节　平安时代、平安京与怨灵

天应元年（781 年，即中国唐德宗建中二年）四月，光仁天皇的第一皇子山部亲王即位，成为第五十代天皇，即桓武天皇。这一年，桓武天皇 45 岁。翌日，立 32 岁的胞弟早良亲王为皇储。

桓武天皇与早良亲王的母亲是朝鲜半岛百济国移民，且仅是光仁天皇的妃子之一，原本与皇位沾不上一点关系，却因当朝重臣藤原百川半哄半骗说服了光仁天皇，才让体内流有百济国血液的山部亲王登上皇太子地位。

▷ 桓武天皇两度迁都，因怨灵作祟，最后定都于风水形势完固的平安京，开启了平安朝四百年的历史。

光仁天皇原本也是皇室旁系，因第四十八代天皇称德女皇在位与过世后朝廷始终一片混乱，藤原百川趁机伪造称德女皇遗诏，硬让当时年已 62 岁的光仁天皇即位。也因此，光仁天皇对于藤原百川几近惟命是从、言听计从。

悲剧的开端

光仁天皇即位后的第三年（773 年），藤原百川以"皇后欲咒杀天皇"之罪名，剥夺了皇后与嫡系皇太子的地位，并将皇后母子幽禁起来，同时让混血儿山部亲王递补皇太子地位。而皇后母子，也于 3 年后被暗杀了。

光仁天皇在位 11 年后，将皇位让给桓武天皇。此时，桓武天皇有个 8 岁的儿子安殿亲王，按理说，皇太子应该是安殿亲王。然而，光仁天皇却下令让另一个儿子早良亲王当上皇太子，由此埋下了日后兄弟俩同室操戈的种子。

说起早良亲王的一生，实在值得同情。11 岁时，因父亲不忍让他长大后尝受旁系皇族的苦楚，命他出家当了僧侣。21 岁时，他成为平城京七大寺之一的大安寺住持。他做梦也没想到，年岁已高的父亲竟然登基成了天皇，一夜之间，他的身份也由僧侣跃升为亲王，得了个"亲王禅师"的别称。26 岁时，他又掌握了东大寺全权。若非被父亲指定为皇太子，他其实可以成为与世无争的高僧，寿满天年。

桓武天皇即位后，在朝廷崭露头角、急速走红的是藤原种继。藤原种继是藤原百川的侄子，母亲也是朝鲜半岛移民。或许是因为身世背景类似，桓武天皇极其重视种继，即位第三年，便擢升种继为从三品的中纳言。当时的官位依次如下：太政大臣→左、右大臣→大纳言→中纳言→参议，由此可见，藤原种继的地位已非常之高。

早良亲王身边的重臣则是中纳言大伴家持，也是反藤原派的中心人物。简单说来，藤原种继是外来血统的新兴贵族，而大伴家持是传统氏族贵族，双方当然水火不容。大伴家持也是三十六歌仙之一，除了忙于政治斗争外，也是《万叶集》编撰者之一，更在《万叶集》中留下将近五百首和歌。

政治暗杀与冤屈

延历三年（784年），桓武天皇决定迁都。大概想利用迁都一事，重新构筑自己的政治势力，毕竟朝廷内仍有许多不满藤原百川派做法的名阀大臣。

翌年六月，桓武天皇命藤原种继负责建造长冈京，且命大伴家持到东北地方当镇守府将军。美其名曰镇守府将军，事实上是流放。当时东北地方是虾夷地，而所谓"虾夷"，指的是"化外之民"，不服从中央朝廷政令、独立

▶ 大伴家持既是早良亲王的政治伙伴，也是三十六歌仙之一。图为江户时代浮世绘名师胜川春章《锦绘百人一首》中的家持造型。

自主的诸多部落。让 67 岁的大伴家持到这种地方，对他来说无疑是死路一条。果不其然，大伴家持因操劳过度，八月末过世。

一个月后的九月二十三日夜晚，藤原种继在巡视长冈京工事现场时，黑暗处飞来两支箭，射穿他的胸部，他当场落马。第二天，49 岁的种继也过世了。

桓武天皇失去宠臣，勃然大怒。凶手很快便被抓到了，经过拷问，得知暗杀的主谋是大伴家持与早良亲王集团。事件发生后第五天，早良亲王就被幽禁在长冈京内的乙训寺。当然，这完全是冤罪，大部分后世学者均不约而同地认为是桓武天皇假借种继暗杀事件，在朝廷内进行了一场整肃活动，彻底排除了反对党。

早良亲王为了证明自己的无辜，绝食了 10 天左右，但同胞哥哥依然做出了将他流放到淡路岛的判决。护送途中，早良亲王因过度衰弱，于淀川高瀬桥畔饮恨而终。桓武天皇接到弟弟断气的报告后，漠然不动，不肯收回诏令，早良亲王的尸体就那样被运到淡路岛，以罪人身份草草埋葬。

▶ 平安时代流放官员，向由"检非违使厅"负责押送，早良亲王的流谪，当然也不例外。图见《法然上人绘传》，知恩院藏。

一个多月过后，安殿亲王登上皇太子宝座，成为天皇后继者。

多年来，想让儿子成为天皇后继者的心愿既已达成，朝廷内唠三叨四的反对党也扫除干净了，桓武天皇这下可以专心进行新都营造、虾夷征服、重整律令等国家大事了。

怨灵显现

早良亲王过世后隔年的延历五年（786年），桓武天皇的宠妃藤原旅子的生母过世了。藤原旅子是藤原百川的女儿。这时，桓武天皇还没想到可能是怨灵作祟，只认为是岳母年事过高所致。然而，两年后，30岁的旅子竟也撒手尘寰。

延历八年（789年）十二月，这回轮到桓武天皇的生母溘然长逝。三个月后，31岁的皇后也西归了。同年七月，另一位妃子紧跟着也"呜呼哀哉"了。这些后宫妃子，都不是长期卧病才过世，而是突然倒了下去，当天随即断气。以现代人观点来推测，很可能是脑溢血或心脏病之类的疾患，可是，对于1000多年前的古代人来说，这难道不是怨灵作祟，还会是什么呢？

同年九月，安殿亲王卧病不起。桓武天皇命京都七大寺所有僧侣夜以继日地念经祈祷，依然不见效。俗话说："平日不做亏心事，夜半不怕鬼敲门。"桓武天皇想到上一代皇后母子的冤狱，想到弟弟于幽禁期间一心请求自己听他的辩解，而自己却……便越想越心慌，越想越卧不安枕。

这一年，桓武天皇命人到淡路岛清扫早良亲王的坟墓，并设置了专属守墓人。

可是，延历九年（790年）这一年里，夏季流行疫病，秋、冬两季又爆发痘疮，全国各地旱灾不断，病死、饿死的人数不胜数。

▶ 延历九年，疫病流行，民不聊生。图为福冈市美术馆所藏《病草纸》，描绘染病民众上吐下泻、苦不堪言的情景。

延历十年（791年），瘟神依然猖狂，旱魃依然肆虐。八月，伊势神宫遭盗贼放火，安殿亲王的病情时好时坏。到了这个地步，桓武天皇再也顾不得什么面子了。本想摆脱平城京的种种血债，才选了长冈京当新都，没料到，在这长冈京里竟又惹来更跋扈张扬的怨灵。

延历十一年（792年）六月，桓武天皇终于命阴阳寮占卜安殿亲王的病症。阴阳寮占卜的结果是：这一切都是早良亲王怨灵在作祟。

平日内心便有鬼的桓武天皇，听到阴阳寮也将矛头指向早良亲王，马上派人到淡路岛整建弟弟的坟墓。不但在坟墓四周挖掘了护坟壕，更严禁在附近杀生。可是，早良亲王依旧宿怨不解。八月，京都豪雨不断，淀川泛滥成灾，长冈京成了沼泽城。

迁都"平安乐土"

第二年元旦一过，还未完工的长冈京便走向拆毁的末路。新都是有"平安乐土"之称的平安京。这回新都的修建，汇集了当时宗教家、咒术者、阴阳师的意见，设计成封杀所有怨灵的咒术空间。北方有玄武"船冈山"，东方有青龙"贺茂川"，南方是朱雀"巨琼池"（1933年，为了增产食粮，遭政府填拓），西方则是白虎"山阳""山阴"二道。玄武、青龙、朱雀、白虎，四神相应。

如此这般，延历十三年（794年）十月二十五日，新都还未竣工，桓武天皇便浩浩荡荡地迁都了。平安时代于焉开幕。

两年后，桓武天皇又发出诏令，在鞍马山建立鞍马寺，而鸭川本就有上贺茂与下鸭二神社，均在此时被封为王城镇守寺院与神社。鬼门东北方，则配置了阴阳师。日后，平安时代的阴阳道大师安倍晴明的宅邸，正位于此。

可是，早良亲王的冤魂肯就此罢休吗？似乎不然。

延历十五年（796年）五月，皇太妃藤原带子骤逝。带子是藤原百川的女儿。由此可见，藤原百川当初卖力让光仁天皇、桓武天皇父子两代即位的目的，其实是源于自己的野心。同一年，桓武天皇的宠妃之一也突然过世。事到如今，对桓武天皇来说，无论天灾或身边人病逝，全是怨灵在幕后作祟，都该算到早良亲王的头上。

延历十六年（797）五月，桓武天皇派了两位高僧到淡路岛早良亲王的坟墓前念经谢罪。延历十九年（800年）三月，富士山火山爆发，火山灰整整下了35天。七月，桓武天皇终于追封早良亲王为崇道天皇，同时也追封了被藤原百川手下所暗杀的前代皇后，让她恢复身份，并正式将二者的坟墓改建为山陵。

此时已63岁的桓武天皇，可以说是被早良亲王的怨灵彻底降伏了，但他似乎仍无法驯服自己内心的魅影。延历二十四年（805年）元月，他又下令在淡路岛建立安抚崇道天皇怨灵的灵安寺。根据《日本后纪》记载，这时期的天皇，时常涕泗交加地向近侍忏悔自己对弟弟犯下的罪行。三月，桓武天皇赦免并平反所有于种继暗杀事件时遭流放或抄家的罪人。四月，桓武天皇将早良亲王的忌日定为国定忌日。五月，桓武天皇又下令于纪伊国（今和歌山县）伊都郡建立了祭祀早良亲王的三重塔。

总之，直至延历二十五年（806年）三月十七日，桓武天皇结束他的七十寿数之前，始终费尽心思想镇抚早良亲王的怨灵。问题是，桓武天皇内心的那个魅影，是不是也伴随着他到黄泉共为友了呢？

在日本史上，延历十三年（794年）至同治元年（1185年）约四百年期间，史称"平安时代"。不过，拜怨灵之祟而兴建的"平安京"，也就是今天的京都的历史，却持续了千年以上。

第二节　恶女药子

延历十三年（794 年）左右，也就是桓武天皇迁都那一年，皇太子安殿亲王又迎进了一位妃子。此妃子是藤原种继的外孙女，其母亲是藤原药子。根据正史《日本后纪》记载，这位藤原药子正是平安时代的"妖妇"，若用现代用词形容，便是"平安恶女"。

论辈分，药子是安殿亲王的丈母娘，但按年龄来讲，安

▷ 藤原家利用女后操持平安朝政权，药子仅开启其端。图为日后掌管大权的藤原道长之姊、东三条院诠子带着女官参拜寺院的场景，参见《石山寺缘起》。

殿亲王此时二十一二岁，药子三十岁出头，而其妃子大概仅有十二三岁，以现代人的眼光来看，安殿亲王会迷上丈母娘，似乎也情有可原。

不伦之爱与政治纠缠

药子当初陪女儿入宫的目的，很可能是基于为人之母的情怀，担忧女儿禁不起后宫的钩心斗角。没想到，顾一顾二之余，干脆连床笫之乐也代女儿包办了。这样讲，或许对药子有点不公平，应该是安殿亲王先色迷心窍，命药子就任"东宫宣旨"职务，允许药子自由进出寝殿，日久生情，两人便发生了男女关系吧。

不过，药子或许也是为了振兴家门，而积极以"色"笼络安殿亲王。既然女儿可以获选为后宫妃子，想必药子也应该是个美人胚子才对。

在此时期，先祖族谱可以回溯到神话时代、7世纪"大化革新"第一功臣中臣镰足的藤原家，已分裂为京家、式家、北家、南家，史称"藤原四家"。藤原百川与藤原种继都是式家一族，种继有一儿一女，女儿正是药子。种继遭到暗杀后，儿子仲成在朝廷失去靠山，失意度日。如今，外甥女成为皇上妃子，妹妹也入宫服侍，这一千载难逢的机会仲成当然不会放过。事实上，仲成就是因为妹妹药子的关系才升任为参议。

桓武天皇听闻皇太子与药子不伦的消息后，怒不可遏，将药子逐出宫廷。然而，桓武天皇驾崩（806年）后，皇太子安殿亲王即位，成为第五十一代天皇平城天皇时，随即将药子迎进宫内，并封她为正三品官位的"尚侍"，也就是后宫女官之首，地位仅次于众后妃。药子的哥哥仲成，也升任为中纳言。

平城天皇此时已三十三四岁，而药子已四十多岁了。一位是后宫满是年轻貌美的妃子，环肥燕瘦任君选的天皇；一位是在当时算是即将迈入老年的半老徐娘，且是膝下有二男三女的有夫之妇。按常情来看，即便恋欢情热，似乎也没必要只取一瓢饮。只是，男欢女爱本就无理可循，年老色衰的药子既然可以得宠，表示天皇与药子之间，除了色欲外，应该还有更多外在条件所无法取代的情分存在。

平城天皇即位后第二年，药子与仲成便设下阴谋，让深得朝廷官员拥护爱戴的伊予亲王母子死于冤狱。伊予亲王是平城天皇的异母兄弟，在30多位兄弟姐妹中特别卓越。药子兄妹俩怕其他贤明官员拥立伊予亲王即位，干脆先下手为强，拔去眼中钉。《日本后纪》中有一段记载："药子善媚求幸，矫托百端，帝不知其奸，百司众务吐纳自由。"可见，仲成与药子在朝廷内的势力。

安殿亲王即位后第四年，突然病倒了。《日本后纪》只记载是"风病"，后人推测可能是自律神经失调。四月一日，安殿亲王突然传唤了弟弟，当下便将历代天皇传国之宝"三种神器"（镜、玉、剑）交给24岁的弟弟，退位了。这位弟弟正是嵯峨天皇。

药子之变

成为上皇的平城天皇，起初住在仲成的官邸内，后来命仲成在旧平城京建造宫殿。第二年，便搬到平城京了。结果，原本体弱多病的上皇，竟然不治而愈。坏的是，药子见上皇身体恢复健康，又开始蠢蠢欲动，枕边细语碎碎念，要上皇复位。不到40岁的上皇大概也有点后悔自己过早退位，竟与嵯峨天皇作起对来。更坏的是，有些官员也搬到平城京上皇宫殿了，主要是藤原式家一族。简单说来，就是有两个朝廷了。嵯峨天皇所发下的敕令，平城上皇可以另发敕令撤销，致使朝廷乱成一团。

大同五年（810年），上皇竟然宣布迁都。意思是说，平安京不是正统朝廷，平城京才是真正的朝廷。这道诏令，逼使向来都让哥哥一步的嵯峨天皇不得不诉诸武力，而且朝廷内另外的藤原三家也忍无可忍了。首先，嵯峨天皇这边逮捕了前来传达上皇诏令的仲成，并处以极刑。上皇和药子得知此消息后，摒弃了平城京宫殿，动身前往东国（关东地方），打算择日举兵。然而，嵯峨天皇的行动更快，早派兵在奈良守候，阻挡其去路。

折回平城京的上皇，只有一条路可走：落发出家。药子则于三个月后，服毒自杀。这一连串事变，史称"药子之变"。

后世史学家对"药子之变"评价很高，正因为药子的存在，才奠定了平安京日后千年古都的地位，朝廷也正式与奈良时代告别，步入平安贵族王朝时代。又因为藤原式家一族没落了，嵯峨天皇改为重用藤原北家，不但引发了日后的摄关政治（外戚干政），更确立了百花缭乱的王朝女流文学根基。

虽然当时的世人与后世吾辈，均视药子为恶女，可是，我总觉得，她只是哥哥仲成掌中的政治工具而已。如果没有哥哥的存在，她应该可以同平城上皇共度琴瑟和谐的晚年才对。

第三节 征夷？征鬼？

▶ 奈良高取町子岛寺所藏坂上田村麻吕神像，造型并无特殊之处。

提到坂上田村麻吕，日本人首先联想到的是"古代最强的武人""征夷大将军"。这位征夷大将军，前后三次率领大军征服了自7世纪起便令朝廷大费周章的虾夷地（东北地方），是桓武天皇时代的常胜将军。他在54岁过世的前一年，还为嵯峨天皇平定了"药子之变"。在倭人心目中，他是位古代英雄；而在"战败国"虾夷人的口述传说中，他似乎也是位伟人。看样子，除了以武力征服外，田村麻吕似乎也为虾夷人做了不少改善国计民生的贡献。

前汉高祖皇帝后裔

古籍《群书类丛》中《田邑麻吕传记》一文，有一段有关大将军出身的文字："大纳言坂上大宿弥田邑麻吕者，出自前汉高祖皇帝。二十八代至后汉光武帝。十九代孙考灵黄帝。十三代阿智王（阿知使主），率一县同姓百人，出汉朝入本朝（日本），应神天皇二十六年也。有敕。给大和国桧前地居之。一名英智王。"

但根据最近的研究成果推测，阿智王可能是朝鲜半岛南部新罗诸国某国的王子，真相如何，仍不可考。总之，阿智王于五世纪第十五代应仁天皇那时，带了一百多名族人来到倭国，然后分为"东汉氏""西汉氏"两族。不知过了几百年，"东汉氏"中势力最大的家系便是坂上直，因"东汉氏坂上直"这氏名太长了，便简称"坂上"。因此，"坂上"是血系氏名，"田村"是子孙分支家名。

又根据《田邑麻吕传记》："大将军身长五尺八寸。胸厚一尺二寸。向以视之如偃，背以视之如俯。目写苍鹰之眸。鬓系黄金之缕。重则二百一斤，轻则六十四斤。动静合机，轻重任意。怒而炯眼，猛兽忽毙。笑而舒眉，稚子早怀（投怀之意）。丹款显面，桃花不春而红；劲节持性，松色送冬而独翠。"

《群书类丛》是江户时代末期编撰的线装书，总计三十卷。《田邑麻吕传记》大概是参考1517年左右室町时代末期画家土佐光信所制作的《清水寺缘起绘卷》（现存于东京国立博物馆，是重点文物），内容或许仍脱不开传说的范畴，否则大将军怎么可能从二百零一斤骤然瘦到六十四斤？除非患上拒食症。总之，这位大将军的确是平定了虾夷地的伟人。不过，他出征虾夷地的另一个目的，其实是受桓武天皇密诏，到虾夷地封鬼门。对平安京来说，虾夷地位处东北，正是鬼门。不将这鬼门封起来，朝廷便不得安稳。

古代，军事与咒术表里相应，身为大将的武人，都懂得阴阳五行咒术，也深知寺院、神社的建筑工程。因此，田村麻吕每击破一位虾夷首长，便在当地建立寺院与神社，以镇抚战败者的灵魂。东北地方有 30 多座大将军亲自监督的寺院、神社，而与大将军有关的神社，据说有百余座。

鬼门封口，邪魔远走

田村不遗余力所建设的鬼门封口，正是聚集在青森县西部津轻平野的"北斗七社"。当时虾夷人抗击倭人的地方，主要在岩手县北部，津轻平野是虾夷人的乐园与圣地，从未发生过战斗。既然是和平之地，大将军其实不用在此地建设神社，然而，他却特地在虾夷人的圣地留下七座神社，而且呈北斗七星形状。相隔最远的两神社之间，距离五十千米，可见"北斗七社"规模相当庞大。

明治九年（1876 年）所编撰的《新撰陆奥国志》中，说明"北斗七社"为乳井神社、鹿岛神社、岩木山神社、熊野奥照神社、猿贺神社、浪冈八幡宫、大星神社。此七社均现存于青森县。每座神社地基下，都埋有一个箱子，里面装着一把虾夷刀。这跟桓武天皇于京都东南方埋下宝剑，再于宝剑上建设剑神社的封魔方式完全一样。

不仅如此，凯旋归京后，大将军又在洛东建设了清水寺。当时洛东是京都庶民风葬、水葬尸体的场所，名为"鸟边野"，在这偏僻地方建设清水寺，其实也是一种镇抚灵魂的仪式。而京都名胜"清水舞台"，当初建造的目的并非让贵族在上面吟诗作对、弹琴下棋，而是便于庶民抛弃尸体。换句话说，千年前从清水舞台上所眺望的景色，与现代迥然不同。当时是荒凉坟

▶《清水寺参诣曼荼罗》中所见的"清水舞台",原本是为了方便庶民抛掷尸体之用。(清水寺藏)

场,又没有灯光,谁敢去吟风咏月?

大将军过世后,尸体全副武装,一手持弓、一手握刀,面向平安京鬼门方向,站立着被埋葬在东山区栗栖寺。据说这是嵯峨天皇的诏令,为了让田村死后也能护卫京城。大将军的埋葬场所,现为田村麻吕公园。

有趣的是,根据《日本后纪》记载,田村的儿子与孙子均是"武力绝伦"的武人,但武人血统传到第五代,其后人竟然摇身一变成为歌人。第五代坂上是则为三十六歌仙之一,也是《古今和歌集》编撰者之一;而是则的儿子望城,不但是《后撰和歌集》编撰者之一,更是梨壶五人之一。所谓"梨壶",是第六十二代天皇村上天皇于951年10月设置的官署,正式名称为

▶ 京都清水寺所藏《将军塚缘起绘卷》中所见的大将军,其体型显然较一般人高大强壮许多。

"昭阳舍",专门编撰和歌与解读《万叶集》。

俗话说"富无三代享",若以大将军的例子来说,应该是"武无三代传"。不过,连改行的子孙都能留名青史的话,站立在地底下的大将军,应该可以瞑目宁心了吧。

▶ 江户前期画师住吉具庆《百人一首画帖》中,征夷大将军后代歌人坂上是则的造型。

第四节　摄关政治

所谓"摄关政治",是代替年幼天皇或女帝执政的官职,简称"摄政",通常由圣德太子这类皇族任职。858 年,藤原良房成为清和天皇监护人,正是皇族以外的第一代实质"摄政"。这也是藤原一族欣欣向荣的起点。而画下起跑线的人,就是良房的父亲藤原冬嗣。冬嗣于 826 年过世时,女儿已是太子妃,次子良房则娶了嵯峨上皇的皇女源洁姬。源洁姬虽被赐姓源氏而降为臣籍,但至此为止从未有皇女嫁给臣下的例子,源洁姬算是第一例。

833 年,良房的妹夫仁明天皇即位。842 年,朝廷内所有良房的政敌均因谋反罪名而遭流放,当然这里头必定有阴谋。接着,良房让女儿明子入宫成为太子妃,也就是日后的文德天皇皇后。858 年,良房的外孙清和天皇即位,年仅 9 岁,这一年,正是实质的"摄关政治"元年。

全盛时代

摄政全盛时代,是藤原道长(966—1027)及其长子赖通两代掌权时期。道长本是摄政家第四子,因长子、次子相继过世,三子又是同父异母兄弟,因此道长的竞争对手只有侄子伊周一人。这时,道长的姐姐是一条天皇的母亲,而伊周的妹妹定子(即清少纳言所著《枕草子》主人翁)是一条天皇的皇后。即使身份是天皇,终究是男人,对男人来说,母亲与老婆,到底哪

▷《紫式部日记绘卷》中所见的藤原道长,一副志得意满的模样。

个重要呢?结果是道长获得"内览"右大臣职位。"内览"是太政官向天皇提出公文时,得于事前阅览公文的职位,日后由摄政、关白(天皇成人后,辅助天皇执政的职位)执行。

道长有四个女儿,长女彰子是一条天皇皇后(道长硬立了两位皇后。《源氏物语》作者紫式部正是彰子的女官),次女妍子是三条天皇皇后,三女威子是后一条天皇皇后,四女嬉子是后朱雀天皇皇后。而彰子也是后一条、后朱雀天皇的母亲。换句话说,当时的贵族阶级,为了掌握政权,不惜近亲联婚,姨妈嫁给外甥,似乎也不成问题。道长让威子当上皇后时,曾在晚宴吟诵了一首和歌:

此世即吾世,如月满无缺。

无奈好景不长,赖通没有女儿,赖通弟弟的女儿也没生下皇子,1068 年,第七十一代天皇后三条天皇即位时,因天皇跟

▷ 一条天皇皇后彰子系藤原道长的长女,紫式部即其女官。图为《紫式部日记绘卷》中紫式部为彰子进讲的场景。

藤原家没有外戚关系,遂废掉摄政,实施亲政,藤原家才渐趋没落。也因为后三条天皇跟藤原家没有亲戚关系,方才能严厉实施庄园禁令。

所谓"庄园",是贵族或寺社的私有领地,不用缴税,因此地方豪族均将辛苦开垦的领地捐给贵族或寺社。如此,地方豪族只要定期向领主贡米,便可以逃过国家的征税。

大抵说来,道长是平安女流文学的后台老板,赖通则将道长的别墅改建为寺庙,正是今日京都市的平等院凤凰堂。凭良心讲,这对父子也并非恶贯满盈,至少还都留下了文化资产给后人,且一留就是千年,平等院凤凰堂更名列联合国世界遗产之一。

盛极而衰

自道长算起,藤原家到第七代时,分为近卫家、九条家,其后又分为鹰司家、二条家、一条家,这正是所谓的"五摄家"。因此,目前冠藤原姓的现代日本人,与真正的藤原贵族后裔毫无渊源。摄关制度一直持续至江户时代末期,这期间,只有丰臣秀吉与其外甥秀次当上关白而已,秀吉还是特地成为近卫家养子,才能登上关白宝座。只是,镰仓时代以后便是武士社会了,"五摄家"其实没什么政治势力。尤其是在战国时代,他们经济都很窘迫,只能靠批改和歌、连歌或抄写古籍挣钱。

明治时代,以天皇为主,日本的身份制度分为四阶级:皇族、华族(公卿、大名)、士族(旧藩士)、平民。当时,华族约400多家,其中公卿占1/3,剩下的是大名。其后,华族又分为公、侯、伯、子、男五爵位。公爵是"五摄家"及德川旧将军家,另外是维新时立下特别功勋的三条实美等11家;侯爵则有24家。第二次世界大战后才废止华族制度。

目前唯一还住在公卿宅邸的是冷泉家,1981年成立了"冷泉家时雨亭文库"财团,竭力保护先祖留下来的文书典籍及绘画。宅邸位于京都御所北侧、同志社大学旁,1788年黎明大火烧毁过一次,两年后重建,总面积约750坪,扳指算来,至今也有200年以上的历史了,是日本重要文化遗产之一。

明治维新后奠都东京之际,明治天皇下令冷泉家留在京都,冷泉家才得以保存宅邸与所有古籍,以及公卿时代以来的定例仪式。冷泉家的先祖是藤原俊成、藤原定家父子,俊成是歌圣,定家是《小仓百人一首》编撰者,定家孙子那一代才另立家名冷泉,是延续了800多年的和歌之家。据说,举行传统仪式的榻榻米房有90席。至于其他公卿,则都因离开旧有宅邸,而失去所有古籍或传统仪式了。

第五节　你是贵族吗？

现代日本已没有可以享受特权的贵族阶层了，但8世纪朝廷确立律令制度以来，直至昭和22年（1947年）新宪法施行之前，这期间1200多年，日本始终存在着贵族阶层。

何谓贵族？依据《明治宪法》所制定的立法机关"贵族院"议员组成来看，贵族的定义是皇族、华族、敕选、巨额纳税者和帝国学士院会员五种身份的人。华族，就是旧公卿、旧大名、明治维新功劳者、大实业家等，被授予公爵、侯爵、伯爵、子爵、男爵爵位的人。敕选，则是对国家立下大功的人。帝国学士院为日本学士院的前身，凡是在学术研究上有辉煌成果的人，都可以成为贵族院议员候选人。至于巨额纳税者，到底要缴多少税金才能晋升为贵族，我也不知道。

清凉殿上人

时代往前回溯的话，古代贵族阶层便只限皇族、公卿、大名了。公卿是在宫廷任职的高级官员，大名则是地方官首长。一般说来，律令制度下的公卿人数约二十人，官僚集团则大约一万人，官位从"正一品""从一品"到"少初位上""少初位下"，总计三十阶级，底下还有无官位公务员。简单说来，离天皇位置最近的大臣是正一品公卿，以下类推。

平安京宫廷内，天皇日常居住的宫殿是清凉殿。清凉殿南端有"殿上间"，能上殿伺候天皇的人，通常聚集在"殿上间"

候命，这些人通称"殿上人"，官位是三品以上，但四品、五品官员也可以因敕封而成为"殿上人"。每逢新天皇即位时，新天皇会选出自己中意的"殿上人"，这些新天皇选出的官员，即便官位不及三品，他们的贵族意识也都很强烈。如此，大约二十人的公卿与将近百人的"殿上人"，正是上流贵族阶层。四品、五品的官员是中等贵族，六品以下便是下层贵族。

律令官僚总数是1万人左右，加上家族，顶多4万人。这4万人便是广义的贵族人口阶层，几乎全体均住在总人口约15万的平安京。而当时的日本总人口是600万，换句话说，每一百五十人中，只有一位贵族，可见贵族是"稀有族群"，恐怕要修得150辈子福分，才能投胎为贵族阶层吧。

贵族到底有哪些特权？首先是土地与住宅。这在现代社会中似乎也一样，住宅往往是居住者的权威、经济能力、社会地位的反映。平安京贵族阶层的住宅地皮，是配给制度，官位三品以上的上流贵族，配给土地是一町（4360坪）；四品与五品官位的中等贵族，是半町；下层贵族是中等贵族的一半。

然而，上流贵族中也有阶级竞争，他们当然不会甘于配给制度，况且一旦在政治斗争中败北，便会沦为没落贵族，既不得不离开京城，也不得不变卖家产，因此土地交易也就相当蓬勃。例如，藤原氏历代宅邸的东三条殿，以及藤原道长的宅邸，各为二町；《源氏物语》中光源氏的宅邸六条院，是四町。而除了都市区宅邸，上流贵族在全国各地另拥有广大庄园。

接下来是服装。定期或不定期入宫办公的"殿上人"，都穿正式礼服的"束带"。"束带"的颜色、花纹、质料，也都依官位分得一清二楚。上衣的"袍"，上流贵族是紫色，中等贵

▷ 贵族不好当，处处受限制，但也有其悠闲之时，图为平安贵族于宅邸斗鸡的场景。（《年中行事绘卷》，田中家藏）

族是红色，下层贵族则是绿色。五品官位以上的官员，手上所执的笏板，是上下端皆为圆形的象牙笏，六品以下则是上圆下方的木笏。不过，大概是象牙很难入手，后来的象牙笏都是仿制品。

连牛车也有等级

从交通工具也能分辨出车主的阶级身份。以人力挽行、推拉的凤辇、葱花辇、腰舆等，只限皇族搭乘；公卿与僧侣则搭乘其他轻便轿子。牛车也有等级，通常是四人座，座位也依身份而有别，从后方看，右前方是最上座。搭牛车时，人从后方上车，前方下车，下车时必须用扇子遮住脸庞。上流贵族于夜晚访妻时，为了避人耳目，会故意搭乘比较不显眼的轻便牛车；

而下层贵族于白天观赏祭典或游行时，也会故意搭乘高级牛车。反正民众看不到车内的人。最有看头的应该是女官搭乘的"出车"，就是将十二单衣的袖口与下摆，露在垂帘外，让民众猜测或幻想车内主人到底是何方神圣。由于女官的服饰配色也依身份阶级而有繁琐规定，露出袖口与下摆也算是一种"交通标志"，免得落得像《源氏物语》中前皇太妃六条御息所夫人微行时，牛车被毁损的下场。

其他更有众多实质特权，例如五品以上的官员，其儿子与孙子于21岁时，可以自动承袭名位爵禄。一品大臣的嫡子，是从五品下，庶子与嫡孙是正六品上，庶孙则是正六品下。清少纳言与紫式部的父亲，均于五六十岁时才勉强升任五品官位，可见权门子弟备受优遇。五品以上的官员，免收税金，六品以下只征收当事者一人份的税金，三品以上是祖父、兄弟、子、孙全部免税，四品、五品是当事者与其父、其子免税。甚至连刑罚也有特权。

这样看来，贵族阶层似乎是剥夺民众劳力的寄生虫，其实也不尽然。他们不但要掌管政治，更是文化薪传之人。平安时代文化之所以称为"贵族王朝文化"，正因为这个时代的文化，都滋生于贵族阶层。如果没有这些贵族，大概也就没有所谓的日本传统文化了。

你是贵族吗？我承认，我不是贵族，目前充其量也不过是"单身贵族"一员而已。不过，却跟"另类贵族"（猫族）生活在同一个屋檐下。

第六节　学问之神

提起菅原道真,在日本可以说家喻户晓,无人不知。尤其是学生,每逢考高中或大学,多半会到北野天满宫向"天神样"祈求能考上第一志愿。不只学生,连我每次出书时,也会到离家不远的天满宫,于"绘马"写上"请菅公保佑某某书能卖到某程度"的祈语,挂在拜殿前。虽然不知菅公的神力范围是否也包括中国台湾,但从既有销量看来,这位神祇,似乎偶尔还会越界,为我这名东瀛后生小辈推上一把哩。

生于 845 年的菅原道真,其家人世代均为学者,政治势力本不强,却因天假其缘,于 54 岁那年登上右大臣宝座。他 33 岁出仕担任文章博士官职,41 岁任职赞岐守(香川县县长)。

▶ 奈良唐招提寺所藏"水镜天神"像,其实就是菅原道真,这也是"学问之神"最有名的造型之一。

遣唐使因他而废

887 年，21 岁的宇多天皇即位。这位青年天皇，干劲十足，亟欲发政施仁。然而，真要一扫旧政，不先压制根深蒂固于朝廷的藤原一族的势力不行。他看中菅原道真的才干，于道真结束赞岐四年任期返京后，立即提拔他为参议，并让他另外身兼其他几项要职，以便与藤原一族抗衡。894 年，天皇命他任遣唐使，结果，菅公以大唐处于内乱为由，建议天皇废止遣唐使。于是，七世纪以来从未中断的遣唐使制度，竟因菅公的"贪生怕死"，就此中止了。换句话说，菅原道真打开了往后约二百年的"国风文化"门扉。和歌、平假名书写文化自此蒸蒸日上。

897 年，菅公升任权大纳言兼左大将后，宇多天皇退位，醍醐天皇即位。899 年，菅公终于成为右大臣。此时左大臣是藤原时平。

藤原时平及其他妒恨菅公的人，当然不会坐视不管，乃暗地以"菅原道真同宇多天皇串通，企图废黜醍醐天皇"罪状，向皇上进谗。901 年 1 月 25 日，天皇宣布惩戒处分，命菅公左迁太宰府。菅公于 2 月 1 日即匆忙动身，到九州岛福冈县太宰府任职。两年后的 2 月 15 日，菅公郁郁寡欢地在当地过世。一般说来，纵使死在异地，遗骸理应也要运回京城埋葬，但菅公遗言葬在当地。据说，搭载菅公遗骸的牛车行至途中，牛只突然蹲伏下来，众人便在该地埋葬了菅公。两年后，又在该地建立了祠堂；14 年后，建立了社殿，也正是今日的福冈县太宰府天满宫。也因此，神社内到处可见神牛雕像。

道真过世后翌年，京城发生洪水、疫病，第三年出现彗星，闹得人心惶惶。909 年又发生洪水、疫病，912 年京城大火，913 年旱魃、暴风雨来袭。915 年天花、赤痢盛行，连醍醐天皇也未能幸免。917 年 9 月至 12 月，滴雨不下，朝廷只得开放冷泉院及神泉苑水池，让百姓饮用。918 年发生暴风雨、洪水。920 年咳嗽流行，923 年咳嗽病再度凶猛爆发，且皇太子不幸夭折。这位皇太子的母亲是藤原时平的妹妹。此时，正是菅公过世整整 20 年。而陷害菅原道真的藤原时平，早在 15 年前就过世了，享年 39 岁。

菅公成了怨灵

天灾连连，舆论再也禁不住沉默，世人物议沸腾，"菅公冤魂作祟"之说遂成定论。如此一来，朝廷也就不能坐视不管了。世人认为天灾疾病与皇太子夭逝，都是政府——也就是藤原氏——废贤失政所致。即使政府无法让上天下雨，也得负责天灾所带来的祸害及损失，否则民众根本不需要政府。面对舆论，执政的右大臣藤原忠平与醍醐天皇该如何办才好？也很简单，正式承认菅原道真是"怨灵"即可。如此，朝廷便可以自"加害者"变成"被害者"。

皇太子过世后一个月，醍醐天皇让菅公恢复右大臣官职，并追赠正二品官位，再改元为"延长"。此举无异向民众表示：政府已开始郑重其事与菅原道真怨灵对抗了。

既然政府公然承认怨灵存在，菅公当然也不用客气了。皇太子过世后的新皇太子，于延长三年夭折，年仅 5 岁。这位皇太子的母亲是藤原时平的女儿。自此开始，菅公怨灵总算对准红心作祟了。

930年夏季，京城旱魃为虐，6月26日，众公卿聚集宫中清凉殿举行旱魃对策会议。突然乌云密布，难道天公作美，要下雨了？不，是雷电。雷电直击清凉殿，当场击毙了两位重臣。根据《日本纪略》记载，在场的大纳言藤原清贯，不但身上衣服被烧掉，而且因胸部爆裂而亡。另一位则脸部被烧得面目全非。其他公卿东逃西窜，不少人负伤。与此同时，正殿紫宸殿也发生落雷，烧死三人。

➤ 菅公化为雷神，雷击清凉殿，公卿抱头鼠窜，是道真怨灵传说的高潮。图为北野天满宫所藏《北野天满宫缘起绘卷》的画面。

醍醐天皇因亲眼目睹惨状，从此病倒。三个月后宣布退位，让年仅八岁的朱雀天皇即位。退位后一周，醍醐天皇驾崩。右大臣藤原忠平负责摄政、关白。忠平是时平的弟弟，菅公怨灵应该也可向他下手。然而，忠平个性温文尔雅，菅公在世时，两人交情很好，所以忠平始终受老朋友庇护。时平一系则彻底遭受怨灵作祟，长子、三子及两位女儿接二连三病死。菅公也在此一时期由怨灵变成了雷神。

▷ 道真怨灵作祟，醍醐天皇一病不起。图为天皇临死前剃发皈依的场景。参见《松崎天神缘起绘卷》，防府天满宫藏。

▷ 道真怨灵传说由剧作家近松门左卫门写成《天神记》，成为江户时代的重头戏。图为此剧造型的浮世绘作品，早稻田大学演剧博物馆藏。

雷神变天神

942 年，右京七条有位女巫多治比文子受菅公神托，于 947 年在京都北野建立了一座小小祠堂。959 年，右大臣藤原师辅再度增建神殿。菅公雷神变成了天神。天神的正式名称是"天满大自在天神"，菅公神社也就被称为"北野天满宫""北野天神社"。987 年，一条天皇下令在北野天满宫举行诏祭。这年是菅原道真死后 84 年。就是在这一年，菅公终于脱离怨灵、雷神形象，成为朝廷的守护神。

到了江户时代，歌舞伎剧、净琉璃纷纷将菅公故事编入剧中，让他又增添了学问、诗文、艺能神的形象。现代日本人则将菅公固定为学问之神，是全日本考生的庇护神。目前，日本全国各地的北野天满宫，约有一万三千社。

菅公在边境太宰府第一次过九九重阳节时，因思忆清凉殿种种，曾留下一首诗：

> 去年今夜侍清凉，
> 秋思诗篇独断肠。
> 恩赐御衣今在此，
> 捧持每日拜余香。

总之，平安时代以来，日本朝廷之所以罕见因争权夺利而将政敌赶尽杀绝的例子，主要原因就在于此"怨灵思想"。而要避开怨灵作祟，最有效的方法就是将对方崇祀成"神"，奉为自己的守护神。若按照这一"日本逻辑"来看，日本所有从古代神话故事所产生的神，只怕前身都是"怨灵"了。

第七节　小野小町

小野小町是日本家喻户晓的大美女，在日本与中国的杨贵妃、埃及艳后克里奥帕特拉并称世界三大美女。而"小町"这名字，也成为美女代名词，日本所有冠上地名的"某某小町"，都代表是当地公认的美女。

然而，这位平安时代初期六歌仙中唯一的女歌人，不但生卒年代不详，更缺乏任何能构筑其实际形象的史实数据。她的一生，始终蒙在馨香神秘面纱之下，是个遥不可及的谜团。现代日本人只知她生前美貌无双，才藻艳逸，以及散落于各地的种种传说而已。以下是主要几段传说：

洗册纸小町

某天，宫中清凉殿举行盛大和歌竞赛。聚集在宫中的华丽装束男女，均是旗鼓相当的当代歌人，其中有位妖艳美女，集众人目光于一身。她正是宫中的熠熠红人，也是六歌仙（小野小町、在原业平、僧正遍昭、大伴黑主、文屋康秀、喜撰法师）之一的小野小町。

小町公布作品后，皇上心折于她的才气，叹服连连。此时，小町的竞争对手大伴黑主提出异议，说小町抄袭古歌。大伴从袖兜取出一册《万叶集》册页，里面果然有一首作者不详的和歌，内容与小町方才所发表的完全一样。擅于吟咏和歌，且对《万叶集》滚瓜烂熟的小町，简直不敢相信自己的眼睛。但碍于

▷ 江户中期画师尾形光琳的《歌仙绘》，因其用色及笔触俱佳，而为世所重。图为其笔下的小野小町。

皇上面前无法与对方争执,她只得请求皇上:"至少请让我洗一下册纸。"

得到皇上允许,小町洗了册纸,结果那首和歌立即消失了。原来是大伴嫉妒小町的文才,于前日偷听小町咏歌,再写进自己的《万叶集》草纸内。("草纸"为册子,在江户时代则为有许多插图的大众读物。)

祈雨小町

840 年夏季,日本全国各地久旱不雨,耕田焦枯,民不聊生。朝廷已传唤各地名僧几度举行祈雨仪式,却全然无效。当时,人们视所有天灾地变为上天对天皇的警告,旱魃若如此持续肆虐下去,天皇恐怕必须退位了。祈雨的重大任务便落在年约 26 岁的小野小町肩上。

当天,在皇上、皇后及众多殿上人的注视之下,小町沉静地走向祭坛。她仰天吟咏祈雨和歌,不久,但见风起云涌,乌云蔽日,刹那之间,大雨倾盆而下。

深草少将

小野小町退出宫廷后,住在山科,慕名来求爱的男性源源不绝。其中,深草少将最是痴心,行思坐想,梦断魂劳。小町告诉少将,若能连续求爱百日,每夜风雨无阻到自己住处表达爱意,她将在第一百夜以身相许。不料,少将在第一百夜时,竟遭逢大雪,冻死于途中。

从深草少将宅邸遗址(京都伏见区墨染的欣净寺)至小野小町住处(京都山科区小町御灵町的随心院),距离约五六千米，徒步时间约一小时半或两小时，以男人体力来说，通勤"百夜"，应该不是难事。不过，千年后的现代，还有这种男人吗？我很怀疑。

关寺小町

某年7月7日，近江国（滋贺县）关寺一位僧侣，来到某山村一座草庵，造访听说对和歌造诣很高的草庵主人。主人是一名老妇。

僧侣请老妇人赐教和歌秘诀，老妇人回答："和歌只是风雅之心。"僧侣看这位老妇人日子过得虽凄凉，却举止高雅，再听她说了很多和歌轶事，想起往昔曾盛名一时的小野小町，遂问她是否即本人。老妇人点头承认，说道："浮生诚然无常啊。"

衰迈的小町，接二连三地引用和歌，怀念过往的富贵荣华，悲叹目前的穷途落魄。不久，远处传来关寺钟响，僧侣遂邀请小町到寺中观赏七夕祭。

鹦鹉小町

876年即位的阳成天皇，派遣新大纳言探访幽居近江国关寺附近的小野小町。此时，小町已成为老眼昏花、挂着拐杖的老妇人，往昔的美貌尽失。大纳言带来一首皇上御歌：

云の上はありしむかしに変わらねど
见し玉だれの内やゆかしき

（宫廷仍如往昔，一成不变，
你不怀念曾经供职的九重玉帘内吗？）

大纳言请小町和吟一首返歌，小町却说："我的返歌只有一个字ぞ。"

大纳言暗忖，和歌是五七五七七句型，三十一个文字都不见得能表达自己的内心感情，何况只有一个字？

小町接着说道："只要把'内やゆかしき'改为'内ぞゆかしき'，便是我的返歌了。"

大纳言才恍然大悟，不愧是当年的六歌仙之一，这的确是一首无懈可击的鹦鹉返歌。只改一个字，内容就变成："宫廷仍如往昔，一成不变，我很怀念曾经供职的九重玉帘内。"

卒塔婆小町

有位高野山僧侣，上京途中，在鸟羽附近休息。接着，来了一位拄着拐杖、脚步蹒跚的老妇乞丐，坐在腐朽倒塌的卒塔婆（为了供奉死者而立在坟前的塔形细长木板，上写梵文或经文）上休息。

卒塔婆代表佛陀，僧侣立即告诫老妇，老妇却充耳不闻，甚至以精奥佛法回敬僧侣的告诫，还吟了一首即兴和歌，说："在极乐世界内的人，的确不能对佛陀无礼，但在极乐世界外的人，坐在卒塔婆上也无妨。"

僧侣觉得眼前这老妇应当已彻悟人生、看破红尘了，便问她名字。老妇回说是小野小町，随即陷入沉思，看似正在回想如今已了无痕迹的春梦。不久，老妇突然痛苦挣扎，再以男声道出：

▶ 另一位大师狩野探幽《百人一首画帖》中的小野小町造型。

"啊,我很想念小町,很想念小町呀。求爱了九十九夜,只剩一夜而已……只剩一夜而已……"

原来是深草少将的怨魂附在老妇身上了。

清水小町

某天,平安时代歌人在原业平造访住在草庵的老小町。他劝告小町皈依佛陀,语毕便消失了。小町领悟这是观音菩萨的教诲,于是离开草庵,四处流浪,最后在陆奥(东北地方)玉造小野之里撒手尘寰。后来,业平到陆奥小野之里的芒草原寻访小町尸骨,不知何处传来一首和歌的上半句,业平马上接吟了下半句。小町灵魂随即现身,恳求业平为她祭祀。说完,灵

> 风流倜傥的在原业平,不但是著名的歌人,也是平安朝有名的花花公子,恋爱不断。图为江户浮世绘画师歌川国芳笔下,正对着一川红叶沉思的他。

魂消失，原地只留下了一具尸骸与一丛芒草。

　　以上七则传说，通称"七小町"，皆为能乐谣曲戏剧。其中，"关寺小町""卒塔婆小町"等老妇能乐，是能乐最高秘曲，艺人需具备一定艺龄及不世之艺，才能得以出演。松尾芭蕉有一名句："浮生尽头皆小町。"而梦枕貘《阴阳师·飞天卷》中的《鬼小町》，故事正是脱胎自"卒塔婆小町"，文中引用的歌词，则是能乐谣曲的一部分：

　　　　　　　前佛已离去，
　　　　　　　后佛还未至，
　　　　　　　生于梦幻中，
　　　　　　　何者是现实。
　　　　　　　吾身是诱惑浮萍的流水，
　　　　　　　吾身诱惑浮萍，
　　　　　　　浮萍不来，
　　　　　　　哀哀欲绝。
　　　　　　　含着露水的细梗胡枝子，
　　　　　　　只是落英散尽，
　　　　　　　比不过吾身飘零。

　　以下则是附身在小町身上的深草少将怨魂所唱：

那么吾将化身为烦恼恶犬,
宁遭棒打也不愿离开,
多么骇人耳目的姿态呀!
这样竭尽心思,
这样尽心尽力,不知踏破多少牛车凳。
啊呀思念情人! 啊呀思念情人!
啊呀思念情人! 啊呀思念情人!

至于小野小町流传后世的和歌,以下面这首最著名:

花の色はうつりにけりないたづらに
わが身世にふるながめせしまに

(绵绵春雨樱花褪,容颜不再忧思中。)

第八节　将门冢

东京都千代田区大手町一丁目一番一号（地铁千代田线大手町车站C5出口，徒步三分钟），三井物产大厦一旁，皇居江户城护城河对面，有个"大东京真空地带"。四周都是跨国企业办公大厦，唯独那儿绿树成荫，静谧无声。此"真空地带"正是"将门冢"。

940年2月14日，平将门在下总国（千叶县北部与茨城县一部分）战死，头颅于4月25日送至京城，被悬在东洞院前大树上示众。这正是日本史上"狱门悬首"的首例。"狱门"本为监狱大门，用长矛撑刺着罪犯头颅，搁在狱门前大树上，称为"狱门悬首"。日后，无论何种悬首方式，均称"狱门"。

▶ 京都金戒光明寺所藏《俵藤太绘卷》中所见，藤原秀乡一行人刺举平将门首级，得意扬扬入京的场面。

据说，悬在树上的平将门头颅，为了寻求身首异处的躯体，某夜，发出白光，一路直飞往东方，落在武藏国丰岛郡芝崎村（现大手町）。头颅落地时，震天价响，大地哀鸣了三天三夜。村人恐恐然将头颅洗净，葬于头颅落地处，还立了个馒头状首冢。而事实上，根据《神田明神史考》，应该是平将门亲属领回头颅后，故意避开朝廷严厉追讨余党的下总国，将其葬于当时是江户湾边境的芝崎村，也就是现在东京数一数二的企业大厦区。

神社与墓冢沧桑

将门死后 360 年，时宗云游派创始人真教上人，偶然经过芝崎村，发现村人备受疫病困扰。细问之下，得知是村内的将门冢作祟。真教上人修复了荒废的首冢，并祭奠了将门，疫病方才平息。上人又于 1307 年赠予将门"莲阿弥陀佛"戒名，刻于墓碑上，立在首冢前。1309 年，又修复了首冢旁的祠堂，将平将门灵魂奉祀于内，使其成为当地守护神，祠堂则名为"神田明神"（神田神社）。

德川家康入江户时，因江户城周遭必须建造家臣宅邸，乃下令将神社迁移他处。最初迁到骏河台，1618 年再度迁至汤岛台现址（JR 御茶水车站，徒步五分钟），以后始终是江户守护神之一，深受江户人爱戴。神田祭与日枝神社山王祭、深川八幡祭并称江户三大祭。

而高约 6 米、圆周约 27 米的将门冢，则一直留存于历代大名宅邸内。明治维新后，那一带变成官厅区，大藏省（财政部）、内务省（内政部）、农商务省都聚集此地。将门冢位于大

第一章 政事·人物 / 045

▷ 传说中的将门首飞到了武藏国的小村庄,还张眼怒视。参见《平将门一代记》,千叶县船桥市西图书馆藏。

▶ 平将门画像，桀骜不屈的表情跃然纸上，现藏千叶县船桥市西图书馆。

藏省境内中央。当时还留有"首洗池"、古井、洗手钵。不料，1923年关东大震灾时，首冢倒塌，大藏省也烧毁了。同年11月，工学博士大熊喜邦受托挖掘首冢，结果只挖出一具石棺，且看似曾遭侵盗，里面空无一物。于是，政府决定平毁首冢，并回填水池，而在首冢遗迹上盖了一栋临时官厅。之后，以大藏大臣为首，十多位大藏省现职高官连续病逝或横死，许多人在官厅内莫名其妙跌倒受伤，政府终于在昭和3年（1928年）撤除官厅，复原了首冢基石，并请神田神社神主当祭主，举行追悼会。当时的大藏大臣及主要官员，均参加了追悼会，全体在纪念碑前毕恭毕敬礼拜。昭和15年（1940年），大藏省再度遭雷劈烧毁，这一年凑巧是平将门殁后千年，大藏省便趁机举行"将门千年祭"，建立了古迹保存碑。

昭和20年（1945年），日本战败，受美军统辖。美军整平这一带土地，打算建造停车场，没想到，推土机竟在一"看似坟冢"处前，突然倾倒，操纵推土机的工人死于非命。虽不知当时美军如何看待这桩东洋狂魂怨鬼的"迷信"事件，但总之，后来美军也作罢了，不敢在将门家上动土。

如今，时代已进入 21 世纪，但将门家周遭的大企业，每逢新年，必定派公司代表前往参拜。而奉命派驻海外的员工，往往也都会在行前向平将门墓碑两侧的青蛙像合掌默祷，祈求能"平安归来"。"青蛙"（kaeru）与"归来"同音，且墓碑两侧的青蛙像，据说是平将门三女五月姬，为了替父亲复仇，到鞍马贵船神社许愿祷告，取得法术后，率领一群手下，化身为蛤蟆"泷夜叉姬"与朝廷对抗（"泷夜叉姬"是歌舞伎剧、能乐的著名戏码之一）。

话又说回来，镇守江户近千年，且深受历代德川将军信奉的神田明神祭神平将门，曾有一段期间，竟被"逐出家门"。

明治 7 年（1874 年），明治天皇突然亲自参拜神田明神。因目前没留下任何记录，故参拜理由不详。当时，人在东京的明治天皇，亲自参拜过神田明神。神田明神的祭神平将门，在正史上是朝廷"叛乱者"，为何明治天皇会想亲自参拜？我想，没留下任何参拜理由记录，反倒说明了明治天皇其实是去祈求平将门不要跟新政府作对。

然而，神社方面听说天皇将要莅临参拜，一下子慌了手脚。平将门虽是江户人崇拜了近千年的英雄，但在朝廷正史看来，毕竟是叛乱者，怎能让天皇亲自鞠躬礼拜？于是，将平将门灵牌匆忙移至别殿。那时，神田明神正殿内，除了将门公外，还有另一位神祇（大国主神）。因神座空出一处，神社还特地到茨城县大洗神社迎请了少彦名神（与大国主神共同开拓日本国土的小人神），以填补平将门的空位。

第二次世界大战后，NHK 播放了大河剧《风、云、虹》（改编自海音潮五郎的《平将门》与藤原纯友的《风、云、虹》），世间舆论纷纷倾向恢复将门公神位。神社终于在 1984 年让平将门回归原位。至于这 110 年之间，平将门到底有无与天皇作对，那就不得而知了。

历史中的平将门

那么，平将门为何是朝廷叛乱者？他又为何成为关东地区的英雄呢？这其中的来龙去脉，就得回溯到千年前的平安时代了。

话说桓武天皇有位皇子，名为葛原亲王。葛原亲王的儿子高栋王及孙子高望王，被赐姓平氏，入了臣籍。平将门正是高望王的孙子。

当时全日本有六十余国，其中的上总（千叶县中部）、上野（群马县）和常陆（茨城县）三国，按惯例均由皇族亲王出任最高长官，也就是"守"。只是，亲王通常不亲自走马赴任，实际最高长官是"介"。

这时期，朝廷内藤原氏兴起，降为臣籍的皇族毫无地位，只能到外地另求发展。地方豪族也踊跃迎接皇族后代为女婿。平将门的祖父正是以"上总介"身份移居东国，成为当地土著豪族的——不只平氏如此，同样自皇族身份降为臣籍的源氏也一样。

这些皇族后代在当地所开垦的领地，算是私有领地。为了维护私有领地，必须组织自卫队，以防外人侵略，这正是"武士"的起源。朝廷自从平定了虾夷地后，随即废除了军队。换句话说，平安时代没有"官军"，只有地方豪族所组成的自卫队。

平将门生年不详，但亦有生于903年之说。年轻时，他曾上京服侍藤原忠平（菅公好友，日后升至摄政、关白地位）。不过，他并非朝廷所录用的正式官吏，而是藤原忠平的私人仆从，所以虽是皇族后代，也仅是个无品官的平民。

930年左右，因伯父、堂兄弟掠夺父亲所遗下的领地，平将门只得回乡收复失地，内讧持续了八年。这期间，他逐渐崭露头角，最后成为关东大头目。

939年，武藏国（东京都、埼玉县）来了两位新长官——兴世王、源经基。兴世王是无品官皇族，此时的身份是"权守"，介于"守"与"介"之间；若说"守"是县长，"介"就是副县长，而"权守"是临时插进来的职位。源经基此时的职位则是"介"，他是清和天皇皇孙，镰仓幕府创始人源赖朝正是他的子孙。

在当时，这种朝廷派来的地方长官，任职期限只有四年，他们通常于在任期间尽可能地滥用职权，中饱私囊。上述两位长官一到任，就扬言要四处视察。美其名为"视察"，其实是"搜刮"。结果，当地"郡司"武藏武芝挺身而出唱反调。

"郡司"算是当地领主之一，也就是市长，代代由土著世家连任。平将门虽也是土著豪族，但毕竟只是"移民"组第三代而已，而武藏武芝既姓"武藏"，当然是武藏国开拓之祖的后代。武芝坚持，"守"还未到任，"权守"与"介"不能越俎代庖。就武芝的立场来说，他会唱反调也是情理之中，若让"权守"与"介"先行"视察"，待"守"正式赴任时，又来一次"视察"的话，各地领主可能被剥削殆尽，不堪负荷。

如此一来，朝廷派来的官吏与地方领主互不相让，终致演变成剑拔弩张的紧张局面。这时，关东大头目平将门只得出来当和事佬。不料，武芝虽同兴世王握手言和，却率领私人军队包围了源经基宅子。理由不详，大概源经基目空一切，曾做出令人无法原谅的不轨行为吧。总之，源经基以为平将门、武芝、兴世王三方联手讨伐自己，慌忙逃回京城，向朝廷控诉三人图谋叛乱。所幸平将门召集常陆、下总、下野、武藏、上野五国国府联名上奏，最终他们的罪名得到了平反。由此可见，平将门确实是当时的关东大头目。

事情至此为止，都还没发生什么问题。但同年11月，这位大头目竟与常陆国府发生冲突。根据《将门记》（940年写成）记载，常陆国有位公家谷仓抢劫犯，向平将门求助，将门窝藏了他。常陆守三番两次要求引渡罪犯，大头目却拒绝了。《将门记》中没说明个中缘故，但既然是公家谷仓抢劫犯，或许在老百姓眼里看来，也是义侠的一种。

平将门于11月袭击了常陆国府，12月又赶走了下野、上野两国国守。请注意，他并非杀害各国国守且占据国府，而是将这些狐假虎威、牟利自肥的朝廷寄生虫"赶走"而已。这样一来，邻接国守们当然会抱头鼠窜，纷纷逃回京城。加上当时寄居将门宅子里的兴世王在一旁煽风点火，这位关东大头目终于自称"新皇"，开始发号施令了。

悲哀的是，民众虽拥护且期待"新皇"，但一旦眼见朝廷官员四处招兵买马，欲诛讨"叛军"时，立刻见风转舵，成为临阵磨枪的"官军"。可怜的平将门，平素拥有8000兵卒，却在最后关头仅召集到400名；而同样在当地召集兵士的官方，竟

▷ 江户晚期画师大苏芳年所绘平将门中箭而亡的刹那,震撼效果十足。现藏东京国立博物馆。

聚集了4000名。

940年2月14日，在位不及两个月的关东"新皇"，额头（另一说是太阳穴）中箭，一命呜呼。到底是平将门生不逢时，还是民众见异思迁？是大头目自不量力，还是老百姓本为散沙？

将门崇拜

总之，事隔千年后的现代，平将门依旧是关东地区的英雄。日本经济中枢"兜町"町名，正因埋有大头目头盔而取名，"兜冢"位于东京证券交易所附近的兜神社内。东京都青梅市地名，也是因平将门生前用来当作马鞭的梅树枝，落地生根长成梅树而来。梅树位于青梅市金刚寺一隅，因梅子于秋天依然保持青色，所以该市取名为"青梅市"。

关东地区有不少平将门乡党因逃难而四处流落，最终定居该地的区域。该区域的世居人家，至今仍坚守某些祖传禁忌。例如茨城县岩井市、取手市、北相马郡守谷町、千叶县市川市大野、我孙子市日秀、东葛饰郡沼南町岩井等地的"将门崇拜地带"居民，绝对不去参拜成田山新胜寺，也不在院子种植南天竹，只因击毙平将门的藤原秀乡（当时其实是下野国府的通缉犯之一）于出征前，曾在成田山新胜寺祈愿，求得一支神箭，他正是用这支南天竹制成的神箭射中将门额头的。

又，藤原秀乡的妹妹"桔梗前"（也是将门爱妾），曾向哥哥告知如何分辨平将门与其"影武者"（替身），是以某些自称（或自认）将门后代的人，绝对不在院子种植桔梗，甚至连浴衣、手巾、团扇等用具，均不使用桔梗花纹图案。

有关平将门的传说及遗迹非常多，大部分集中在埼玉县秩父或东京多摩山区。而将门的菩提寺则是茨城县石下町西福寺，寺内有将门供养碑。

第二章 饮食·男女

第一节　平安饮食

平安时代的人，一天只吃两顿，上午 10 点一顿，下午 4 点一顿。村上天皇的右大臣藤原师辅于 950 年左右所写的《九条殿遗诫》中，有这么一段："朝暮膳，如常勿多食饮，又不待时克（时刻），不可食之。"可见，平安时代的贵族相当注重用餐时间。

▷ 虽说一天只吃两餐，但公卿贵族还是吃得不错。图为《春日权现验记绘卷》所描绘的正在准备饮食的下人们。（宫内厅藏）

吃饭

主食是米饭。一般分"强饭"与"姬饭",前者用瓦制、圆形、底层有许多细孔的蒸笼去蒸,蒸出来的米饭很硬,没有黏性;后者则用水去煮,《和名抄》中说明是"非米非粥之义也",比"强饭"软,相当于现代的白米饭。天皇吃的通常是"强饭",但私下偶尔也吃"姬饭"。这时已有陶瓷器了,贵族用陶瓷器餐具,庶民则用木碗。不过,大多数庶民的主食仍是五谷类,只有富裕人家才吃得起米饭。

若将晒干的"姬饭"泡在冷水,便成"水饭"。有关"水饭",《枕草子》《源氏物语》《今昔物语》等古籍中,皆有记载。《今昔物语》卷二十八第二十三话《三条中纳言食水饭》一文中,描述三条中纳言因太肥胖,于是听从医生建议,夏天吃"水饭",冬天吃"汤渍"。由此可以想见,"水饭"适合在夏天吃,也有减肥效用。三条中纳言虽坚守医生的建议,夏天只吃"水饭",只是,佐饭的菜肴是"十条三寸长的干瓜,三十尾香鱼寿司",结果,越吃越胖,最后成为相扑力士体型。"汤渍"正是现代的茶泡饭。

还有一种"屯食",简单说来是握饭,也就是现代的饭团。《源氏物语》第一章《桐壶》中,描写光源氏于加冠之礼时,准备了众多赏赐诸官的礼品,除了盒装料理、笼装点心外,还有"屯食"。第三十六章《柏木》中,也描写了女三宫产后第五天,秋好皇后派人送礼品来,其中也是有五十板"屯食"。"屯食"通常盛在木板上,而一板到底有多少个"屯食",则不太清楚,大概因人而异吧。这些"屯食",基本上是给访客随从吃的。

粥有两种，一种较稠，另一种较稀。除了普通白粥，还有红豆粥、山芋粥、粟粥，等等。元月十五日吃的"望粥"，正是现代的"七草粥"。平安时代的"望粥"，材料是米、粟、黍子、芝麻、红豆等七种谷类，或许跟佛教的腊八粥类似；而现代日本于元月初七吃的"七草粥"，材料则是水芹、荠菜、鼠曲草、繁缕、稻槎菜、白萝卜和芜菁。不过，"七草粥"的食材因地区而有差异。

再来是干饭，有"糒""饷"两种。"糒"是旅行便当或军粮，"饷"本来专指

▷ 东京国立博物馆所藏《伊势物语图》中，三名男子在野外进食，盘中所盛，不知是否即为"屯食"（饭团）？

旅途中的干粮，后来泛指旅行时随身所带的一切食物，不见得就是干饭了。

至于年糕，当时的年糕是用糯米、面粉混合制成，与现代年糕有点不同，但都用于供神或庆贺节日上。正月初一吃什锦年糕汤、元旦在壁龛供奉双层大小圆形"镜饼"、三月三日女儿节吃"艾蒿糕"、五月吃粽子，以及春分和秋分吃"牡丹糕"，

这些风俗习惯都延续了千年以上。平安时代还有一种"三日糕",是婚礼第三天让新人吃的喜饼,表示从第四天开始两人将成为正式夫妻。

配菜

佐饭的菜肴,或许不如现代丰富多样,烹调方式却大同小异。寿司做法是在鱼身抹上盐,用压板压一晚,去掉水分,再与冷饭一起装在木桶内,上面用镇石压几天,自然而然便成为寿司饭。

飞鸟时代,天武天皇下令禁止吃食牛、马、犬、猿、鸡,8世纪中期奈良时代,圣武天皇又禁止屠杀牛、马,因而9世纪后的平安人,已养成不吃任何兽肉的习惯。此禁令持续至明治维新后才解禁。话虽如此,还是有人以狩猎为生,提供兽肉给病人或体弱的人当补品,这些补品主要是野鸡、野鸭。

调味料有盐、味噌、醋、蜂蜜、甘葛、酒。水果种类与现代不相上下,不过,点心类可就大相径庭了,光看字义的话,完全想象不出到底是什么点心。10世纪初,由源顺编撰的百科辞典《和名抄》(《和名类聚抄》)中,就列出不少莫名其妙的点心名称:馎饦、桂心、黏脐、锤子、团喜、结果、捻头、索饼、粉熟、饼䬪、馎饨……

大抵说来,贵族因日常生活受到种种限制,且又非常迷信,这也不能吃,那也不能吃,加上缺少运动,他们的健康状态往往不如无拘无束的庶民,尤其终年生活在垂帘内的贵族女性,平均寿命仅有27岁。

「平安日本」

> 京都风俗博物馆以再现"平安生活"而闻名,图为模拟的食案餐席场景。(茂吕美耶 摄)

第二节　塑造平安女性美

平安时代的女性服饰，基本上有三种：礼装、正式服装、亵服。顾名思义，礼装当然是举行公开仪式时所穿的盛装，正式服装则为后宫女官平素穿的服装，亵服是家居服。

正式服装俗称"十二单衣"，在宫廷或贵族宅子服侍的女官、女侍，因必须接待来客，平日都穿十二单衣。十二单衣上加裙带、领巾，头上再戴宝冠、发钗，便是礼装。"亵服"是家居服的一种，后宫众后妃及皇女，平素只穿亵服，而女官只在夜晚回自己厢房睡觉或生病请假回娘家时，才有机会换穿亵服。

➤ 寝殿建筑的竹帘，可造成朦胧效果，有助于平安女性美的塑造。（京都风俗博物馆场景，茂吕美耶摄）

无论十二单衣或亵服，下半身最里层均是裤裙，而非长裙。

服装颜色有红、青、苏方、葱绿、樱、紫、蓝、葡萄染、白等。其中，红、青、黄、深紫等七色是"禁色"，除非皇上允许，女官不能穿禁色服。但若逢皇子诞生或皇上行幸时，女官可以破例。

女性旅游时，穿的是"壶装束"，腰上系带子，以免下摆拖地；袖子卷起来，头上戴"市女笠"。"市女笠"是馒头形笠子，本为市场叫卖女人所戴的草笠，不知何时开始，竟在贵族间流行起来。另有一种山野用笠子，四周围上透明纱。

▶ 女性外出旅游时，多半穿着"壶装束"，戴"市女笠"，图中骑马女性所穿着即是。（《石山寺缘起》摹本，东京国立博物馆藏。）

当时的服装既宽松又重重叠叠，女性无法显现身材线条，只得尽力在袖口、下摆、颜色上下功夫。另外以刺绣、螺钿等装饰，呈现自己的风格及才气。女性美集中在牛车垂帘外或寝殿垂帘外的袖口、下摆重叠颜色。另一种是"袭色"，大概因养蚕及纺织技术问题，古代丝绸比现代丝绸薄，透明度约为现代的百分之十，外层配内层的颜色，正是"袭色"。种类二百多，名称均取自四季花草,例如"踯躅"是表红、里青,"女郎花"是表黄、里青,"柳"是表白、里青。还有一种是上浓下淡的颜色,上面染成浓色,往下逐渐染成淡色,最后成为白色。

除了服装可以呈现女性美外,家具及日用器具也是很重要的一环。寝殿出入口最外面一层是竹制垂帘,丝绸镶边。紧贴垂帘的是丝绸布帘,外侧通常有花鸟图样,里侧白色。幔帐及屏风可移动,用来隔厢房。而对女性来说,扇子最重要,不仅可避免直接露出五官,躲躲藏藏也可增加女性魅力。

▷ 狩野探幽《百人一首画帖》笔下,穿着十二单衣的式子内亲王,在幔帐的衬托下,更显优雅高贵。

主要照明是灯台、灯笼、脂蠋、篝火。灯台是竹竿顶有个小盘子,盘子上有三脚铁环,铁环上搁油器,倒油、置灯芯后,即可点燃。灯笼有四角形、六角形、八角形三种，材料是石、竹、木、铁等，四周用纱布或纸围住，吊在半空中。脂蠋是圆形松木，长一尺五寸，直径三分，尖端用炭火熏黑，再涂上菜油，烘干。人们使用它时需要手持部分卷纸。脂蠋为室内专用。室外则用火把。篝火是铁笼内放松木，点燃后，于庭院专用。

交通工具是牛车。种类很多，但各种牛车均有贵贱之别，无法随意挑选。乘坐牛车时，由后方上车，前方下车。单独一人乘坐时，靠左侧、面向右侧；两人以上乘坐时，前方右侧及后方左侧是上座。因背对左右两侧相对而坐，若男女同乘一辆牛车，男子应坐右侧，女子则坐左侧。

此外，平安时代与现代一样，无论朝廷或民间，都有固定的"更衣日"，朝廷是 4 月 1 日及 10 月 1 日。这天，不仅装束，连所有家具与室内装饰都要更换。

第三节　男人真命苦

无论漫画或电影、翻译版本或原著，我想，读过《源氏物语》的人，大概会陷入一种错觉：难道贵族男人成天只会忙着追女人、写情书和歌、每晚搭牛车东奔西走到处访妻？

事实上当然不是。写情书、追女人，只是他们日常生活中的小插曲而已，就跟现代男人一样，即便独身、目前没恋人，也得每天到公司上班、讨好上司、应付客户，或吃饭、睡觉，进行每日的例行公事。与现代男人相异之处，是在于他们的生活有种种束缚，不像现代男人或当时的庶民那般自由。

上班之前

首先，早上醒来时，必须喃喃念七次自己的属星。这儿的属星，不是现代的十二星座，而是北斗七星。其次照镜子，审视自己的脸色，判断身心是否健康。再来看日历，确认当天吉凶。然后是洗脸、用扫帚式竹签刷牙。最后面向西方洗手，再向神佛鞠躬礼拜，祈求当天平安无事。

接下来，记载昨天的日记。通常只简短记载大事，有文才的人，或许会顺便写下私人感想。写完后，才是简易早餐。这不是正式早餐，等于一种消夜小吃，吃的是米粥。吃过简易早餐，再整饬仪表，要把头发梳好，束在冠帽内。大概这个过程很麻烦，三天一次即可。对贵族男人来说，在人前不戴冠帽比赤身裸体还失礼，若是长期卧病在床无暇整理头发，病人还得向探病者表示歉意。夜晚同女人翻云覆雨时，当然也不能脱下冠帽。

　　头发整理好了，下一个步骤是剪指甲。丑日剪手指甲，寅日剪脚趾甲，若错过这一天，其他天就不能剪了。难怪每天早上洗脸之前必须先确认日历。指甲剪好后，便是沐浴。沐浴禁忌更多，每月一号入浴会短命，八号入浴则会长寿；十一号入浴可以保养眼睛；十八号入浴会遭遇盗贼；午日入浴会失去人缘，亥日入浴会出洋相；寅辰午戌不能洗澡……那么，一个月当中，到底哪天才可以泡汤？据说不少人根本不守吉凶习俗，平均说来是五天入浴一次。

　　不过，皇上大概必须严守这些规矩吧？万一在一号让皇上入浴，日后皇上有个什么三长两短时，谁来负责？这么说来，所有贵族中，皇上最肮脏？答案是"非也"。皇上是"天"与"地"之间的人，每天必须净身，算是一种敬神仪式，时间也固定在早朝 8 点，因而皇上就算在前一晚熬夜作乐，第二天也不能赖床。

出勤与活动

　　一切就绪后，是出勤时间。贵族男人都于几点上班呢？依据古籍记载，午夜三点左右，京城内会敲打第一次晨鼓，打开各个小门；六点半，敲打第二次晨鼓，打开各个大门。而根据记载天皇日常生活的《殿上日记》，皇宫各宫殿开门时间是 7 点。既然如此，官僚出勤时间大概是六点半，起床时间则在四五点吧。下班时间是中午 10 点至 12 点，这时才用正式早餐。平安时代的人，一天只进食两餐，晚餐是下午 4 点左右。下午通常不必上班。

➤《伊势物语绘卷》所见,女主人在帘幕内目送男主人出门上朝的情景。

➤ 中午时分,男主人下朝返家,才准备吃早餐。(《伊势物语绘卷》摹本,东京国立博物馆藏)

虽说下午不必上班,但宫内定例仪式与活动非常多,清凉殿内还特地放置一座列出每月定例仪式的屏风。仪式过程极为繁琐,举手投足都有规定,该讲什么话、不该讲什么话也要暗记下来。清少纳言在《枕草子》第一百三十四段《没有品格的东西》中,开头就指出"式部丞的木笏"没有品格。"式部丞"是负责仪式的事务官,记不住进行步骤的话,只好在手上木笏贴了一大堆作弊纸条,被女官看在眼里,就成为"没有品格"的行为了。

▷ 清凉殿内书写行事历的屏风,密密麻麻记载各种宫廷定例仪式。(《年中行事绘卷》,田中家藏)

万一碰到连续有不同仪式的日子,据说怀中还藏有其他作弊木笏。而宫内若有喜事或活动,宴会则通宵达旦。藤原兼家妻子所写的《蜻蛉日记》,文中多次提到兼家于凌晨来敲门,且是兼家当上高官以后的事,可见官阶越高,在宫内熬夜的机会越多。《古今著闻集》中也记载,第六十二代天皇村上天皇(926年—967年,946年即位),某天问长年在宫内打杂的仆役:"目前政治如何?"仆役回说:"政治非常可喜,只是,火把用量增多了。"天皇听后，感到羞惭。这也证明摄关政治后的宫廷社交活动，大多连更彻夜。

生存竞争激烈

以上是上流贵族的日常生活。接下来，我们来看一下中等贵族的生存竞争条件。

平安时代的公务员年薪，依官阶而定，有官位的人，就算失业，也可以领固定年薪。三品以上的高官，年薪大约等于现代三四亿日元；中等贵族，最低也有一千五百万左右。而中等贵族拼了老命也想谋求的职位是"国守"。在中央政府高级官僚眼中看来，国守是地方官，也是"粗俗乡下人"的代名词之一；然而，就权限与收入来讲，再也没有任何职位可以比得过国守了。以现代用词来说，国守相当于集县长、县警局局长、地方税务局局长、地方法院院长、地方军队团长于一身的职位，除了固定年薪，外快多得不可胜数。

官位五品以上，可以应征国守。但能爬到五品官位的人，顶多 250 人左右。而国守总数只有 66 个，让 250 人去抢这个金饭碗，不抢得头破血流才怪。虽说中央官厅内另有 80 个五品官位者可以任职的岗位，加上国守，总计有 150 个头衔，但是，再如何凑合，失业率还是高达 40%。也就是说，每年都有 100 位五品官失业。即便失业，反正有固定年薪，经济当然不成问题，真正的问题在于会失去社交机会。贵族阶层，非常重视社交活动，一旦退出这个圈子，犹如卸下贵族之冕，不但会升官机会尽失，也会影响到儿女婚事。

《枕草子》第二段提到"宫中举行除目式"（人事调动）时，

很有意思:"下雪天,冰冻得很,一些四五品的人,手中拿着申文到处走动。年轻又精神饱满的人,看上去前途有望;但头发已发白的老人,也到处托人传送申文,甚至跑到女官房间,喋喋不休拼命说明自己的长处。年轻女官总是在背后模仿他们的样子,讪笑不止,可他们怎么会知道呢?虽然拜托女官'请美言上奏皇上,启奏皇后',若真有幸得到官职,也就罢了,得不到的人,实在很可怜。"

清少纳言是说,年轻人在下雪天拿着履历表到处进行求职活动,不算什么,毕竟他们还年轻,活动成功的话,前途有望。但白发苍苍的老人也跟着年轻人一起到处求人,就会见笑于人。这一段描述出中等贵族的失业惨状。

就算他们幸运得到官职,任职期满后,照样会陷于失业窘境。《枕草子》第二十一段《扫兴的事》中,记载了这样的故事:由于听闻某家主人今年可能得到官职的消息,于是远亲近邻都跑来祝贺,热闹了一夜,第二天才知道梦想落空,该家仆役只能垂头丧气地屈指计算明年有几位国守将要离任。这一段,很可能正是清少纳言的亲身经历,写的正是她父亲。

中等贵族都如此了,下层贵族大概也相差无几。那么,无官位公务员呢?

工时长,加班多

1988 年,平城京遗址奈良市二条大路南方,发掘出 3.5 万多块木简。木简出处是奈良时代长屋王宅邸遗址。长屋王是第四十代天皇天武天皇的孙子,原本是左大臣,45 岁时遭藤原家暗算,自杀身亡。此处暂且不理长屋王的生平,我们来看看木简中有关一位仆吏的记录。虽是奈良时代的记录,但木简是第一手史料,足以当凭据。

这位尽心竭力的仆吏,名为出云安麻吕,老家在山城国(现京都府中南部),只身到奈良赴任。一般来讲,无官位公务员是日薪制,一天薪资是二升米(1200 克),衣食由主人提供。由于是日薪制,因病或因事回乡时,必须向主人乞假。

专职公务员一年工作天数最低是 240 天,兼任公务员是 140 天,六品以下的下级官僚以及无官位公务员,只要出勤记录达到此基准,均可列入考评名单。专职公务员每隔六年升官一次,兼任公务员则是八年。评定等级为"上上""上中""上下""中上"等九级,六年之间,只要有两年得到"中中"以上的评定,便可以升官。成绩卓越的人,甚至可跳级升官。而除了固定日薪,也有临时奖金制度。

话说安麻吕 29 岁那年,工作天数高达 320 天,每月只休假三四天。不仅如此,夜班日子也高达 185 天。白班、夜班总计 505 天,这种出勤记录,真会令周休两日的现代日本企业战士自叹不如。安麻吕很可能是个只会埋头苦干、不懂钻营的男人,42 岁那年,只得了"大初位下"官位,是三十阶级中倒数第三级的官位。

安麻吕 42 岁那年的年薪,换算成现代日元(普通白米 1000 克以 500 日元计)的话,约 300 万日元。但安麻吕是国家公务员,不用缴税金,也没有房租、银行贷款之类的支出,简略算下来,约合现代 400 万日元左右。而根据日本厚生劳动省统计,日本公务员全国平均年薪是 615 万日元(2003 年统计,不包括其他津贴);同样是日本厚生劳动省于 2002 年的统计,

▷ 轮值守夜是下级官员的职责之一。图为江户画师歌川国芳所绘《小仓百人一首》的守夜场景。(吉田家藏)

得知东京都 40 岁左右的男性平均年薪是 700 万日元，而全国 40 岁男性平均年薪则是 500 万日元。算到这里，我已经头昏脑胀，算不出安麻吕到底是高薪还是低薪了。

总之，如果按六年一度的考评制度，安麻吕一路顺利升官至 60 岁，最终官阶也是从八品上而已。除非他工作到 126 岁，否则终生与"国守"无缘。如此看下来，1000 多年前的平安时代男人，是不是与现代男人有点类似？

唉，不管古代或现代，男人真是命苦。

第四节　女人也很辛苦

春天当然是黎明。渐渐发白的山顶上空不但会出现鱼肚白,而且还有细细长长又红又紫的云朵。

夏天当然是夜晚。有月亮的时候就不必说了,没月亮的时候也会有一大群萤火虫飞来飞去。就算只有两三只微微发出亮光飞过了,也不错。要是再来一场雨就更没话说了。

秋天当然是黄昏。红红的太阳快要下山时,那些想回家的乌鸦三三五五赶路的样子,实在叫人感动。更何况看到那些远远排成一列的雁影,真是一句话都讲不出来了。当太阳完全下山后,又可以听到风声和虫叫声,那种情境就不用多说了吧。

冬天当然是早朝。碰到下雪时的早朝也不必多说。就算没下雪,但染上一层白霜或冻得受不了时,便赶快去生一盆火,搬运火盆走在长廊,就有寒冬的感觉。只是到了中午暖了起来,火盆内只剩下一堆白灰,实在很难看。

看完这一段,大家应该知道我是谁了吧。没错,我正是紫式部口中那个"自鸣得意"的清少纳言。上面那一段是《枕草子》的开场白,不是我爱自夸,这一段文章正是日后俳句季语的先驱,你们不相信吗?来来来,夏萤、秋雁、虫鸣、冬雪、白霜、炭火、火盆,这不都是现代日本人仍在用的季语吗?喔,我不是来当老王也不是来卖瓜的。那我到底干什么来着?都是那个茂吕欧巴桑头壳坏掉了,不知从哪儿弄来一个僮婢式神,跑到阴间叫我跳出来说法的嘛。说什么法？说我们那个时代的女官生活呀。唉，连这种小事也要叫我出来，现代的作家实在太混了。

▷ 胜川春章《锦百人一首》所见的清少纳言造型。

好吧，看在茂吕欧巴桑从来没批评过我的情面上，说就说吧。要从哪儿说起呢？先从女官身份说起吧。

女官有两种

我们那时候的女官有两种，一种是伺候皇上、高官身边琐事的女官，另一种是服侍皇后与姬妾的女官。皇上与高官身边的女官，用你们现代人的用词来讲，就是国家公务员，而且没有法定退休年龄，可以终身待在宫中；上级女官大约有 300 人，下级女官有 400 人。这些朝廷正式女官，官位高一点的，身边又各有女侍与僮婢。而皇后与姬妾身边的女官，说好听点是女官，其实没有官阶，地位类似家庭教师或亲卫队，最多各有 40 人，总计 200 人左右吧。但藤原道长主政的时期，也就是摄关政治最高峰时，朝廷内女官总人数有 1500 人。没办法嘛，那时朝廷内宴会太多了，连上流贵族的千金小姐也要入宫服侍，要不然人手不够。

我正是皇后身边的女官，简单说来，是短工啦，要是皇后过世，我们也会跟着失业。唉，想当初，我也是有机会当上国家公务员的，这正是我的梦想呐，否则我干吗抛夫弃子到朝廷就职呀！而且离婚时，儿子才 5 岁，我把儿子丢给前夫照顾，自己跑去当皇后女官，这样说起来，我应该是千年前的女强人哩！后来，前夫争取到国守地位时，曾多次逼我破镜重圆，我才不去呢！虽然最后又嫁给另一位国守，住在大阪沿海地区，生了个女儿，但这段婚姻生活也失败了……往事真是不堪回首。唯一值得安慰的是，我那个从小就失去母爱的儿子，长大后知道抛弃自己的母亲正是名满天下的《枕草子》作者时，不但将童年的仇恨一笔勾销，还郑重地将我的手稿保存下来，当作遗产之一留给其长子。哦，又扯远了，还是回到正题吧，免得茂吕欧巴桑在一旁急得跳脚。

梳妆打扮

接下来要说什么？说说早上醒来时做些什么事吧，那有什么好说的？跟你们现代人一样嘛，洗脸、刷牙、化妆、吃饭、上班。什么？想听听我们是怎么化妆的？哎呀，还不都一样，擦粉、画眉毛、点口红、涂腮红。对了，现代人好像都误会我们在脸上涂一层厚厚白粉，其实没那回事，当时我们用的是铅白粉，虽然可以让肤色变白一点，不过，铅白粉近乎透明，根本无法涂得很厚，只能在脸上薄薄沾上一层而已，这是你们现代的宝露化妆品公司文化研究所做过的实验，不是我在信口胡说。

　　眉毛嘛，当然要拔掉，再画上一直线粗眉。这是要配合乌溜溜的头发，也是一种身份阶级象征。你们想想看嘛，拔眉毛时不是需要镜子和眉钳吗？这些工具，贵族阶层才有，所以拔眉、画眉等于是一种身份证明。我们那个时代还好，至少把眉毛画在原本有眉毛的地方，镰仓时代的贵族和武士就很不像话了，竟然把眉毛画在额头上，而且形状是圆形，眉毛越高，表示身份越高，说有多难看就有多难看。哦，忘了讲一件事，化妆不是女人的专利，贵族阶层的所有男人也都要化妆。

▷ 小野小町是公认的美人胚子，在春章笔下，她的眉毛画得极高，且又粗又短，偏向镰仓时代的造型。

▶ 幕府末期名画师冷泉为恭所绘《枕草子》"香炉峰之雪"场景,四位女官都留着又黑又浓的长发,这种发型是平安时代的女性造型特色之一。(出光美术馆藏)

眉毛画完后，还要用铁浆染牙。铁浆是将生铁浸在酒精中酸化后的液体，可以防止蛀牙。但不用每天染，有空时再染也可以。这跟你们现代女人涂指甲油类似，有空时涂得漂漂亮亮的，没空时不涂也无所谓。

最麻烦的是梳发、洗发。有一头又长又浓的黑发，是我们那个时代美人的基本条件之一。贵族女人几乎终身生活在垂帘、屏风的小空间内，不能轻易让人看到长相，只能露出豪华的十二单衣衣袖或长发显示自己的存在，所以头发等于是女人肉体的一部分。我是皇后女官，白天当然都陪在皇后身边。在宫内可以和男人面对面轻易谈话或打情骂俏的，是打杂的下层女官。洗发是一项大工程，无法每天洗，我们都大约每月洗一次，但每天早晨一定会用淘米汁梳发。唉，老实说，头发一直是我的自卑根源之一，不但稀疏，又有点自然卷。至于沐浴嘛，看情形而定，沐浴次数通常比洗发次数多就是了。

女流文化事务

宫中若没有活动，上午是我们的上课时间。要练习书法，还要练习古筝、古琴，而且喔，还要背诵《古今集》的1100首和歌。我们的书法，不是汉字，而是"女文字"，也就是现代日本人用的平假名文字啦。

汉字、汉文是男人的学问，女人就算懂得汉文、汉诗，也要假装不懂，不然就会被紫式部在日记中火辣地批评为"自鸣得意"。但对贵族阶层的男人来说，汉学是极为重要的发迹手段。最典型的例子大概是紫式部的父亲藤原为时了，失业十年后，他好不容易才得到可以申请国守职位的从五品下官阶。当时各国等级分为大、上、中、下四级，为时申请了大国越前守（新潟县），朝廷却派任他为下国和泉守（大阪府南部）。结果为时写了一首汉诗投诉："苦学寒夜，红泪沾襟，除目后朝，苍天在眼。"正是这首汉诗让为时得到大国国守的地位。所以嘛，当时的贵族男人无论是日记或是公文，都用我们感觉读起来"硬邦邦"的汉字，我们女人只好用软绵绵的平假名对抗喽。

不过，无论男女，和歌都是最重要的基本教养。我们贵族女人之间的联络方式，或和男人谈情说爱时，通通用和歌，而且和歌隐喻非常多，不将《古今集》全部背诵下来，可能会见笑于人。尤其是我们当女官的，常要代皇后写和歌回信，不能出差错。只是……坦白说，虽然我父亲是三十六歌仙之一，和歌却是我的自卑根源之二，因为再怎么绞尽脑汁，反正也写不过《伊势物语》与《蜻蛉日记》中的和歌，所以我才独创出"随笔"这种书写形式。后代的《方丈记》和《徒然草》，讲白一点，都是仿效我的《枕草子》而成，而且还青出于蓝，真是气死人，一点都不好玩。

等等，我讲到哪里了？哦，下午到底在干吗？该做的事情多得很呐，裁缝、染布之类的大工程，往往要花掉整个下午的时间；闲来没事做时，我们就玩下棋等各种竞技游戏。

对了，我最喜欢制作册子（草纸、草子、双纸）。我们那个时代做什么事都是手工，连书籍也是手工。制作册子时，大家聚在一起叽里呱啦交头接耳聊宫廷八卦，然后有人负责裁纸，有人负责粘贴，写得一手漂亮字的人负责抄写……装帧是"黏叶装"，中文名是"蝴蝶装"。所有过程中，粘贴纸张最费事。我们要把染成各种颜色的和纸，或剪或撕，拼凑成一张花色纸，

▷ 平安朝女流文化活动之一就是下棋。图为土佐光吉《源氏物语画帖·空蝉》一帖的著名场景。(京都国立博物馆藏)

翻译成现代用语,就是"美术设计"。这些册子,会在宫中任人传阅,万一花色难看,制作人就会蒙羞,而挂名制作人的正是皇后。这样讲,你们就知道我们这些女官的责任有多大了吧?这也是每位后妃身边都有三四十名贴身女官在服侍的主要原因。其实我们服侍的不是日常琐事,而是这些与艺术、品味有关的事务。日常琐事,另有专人在掌管。

王朝出版实况

既然提到册子,我再来说说王朝出版实况好了。

我们那个时代,文房四宝很珍贵,尤其是纸张,更难得到。若非皇后生前赏赐我众多纸张,《枕草子》大概也无法问世。不过，也因为没有印刷术，想阅读的人，便必须花大价钱请人抄写，所以我的《枕草子》有许多底本，文章段落顺序也是后人编缀而成。到底哪一种底本才是我的原版？你问我，我问谁？1000多年前的事，早就忘光喽。

我的后台老板是第六十六代天皇一条天皇的皇后定子，因此也可以说是"定子出版社"；紫式部的后台老板是藤原道长，这边便是"关白出版社"了。不过，真正统筹贵族阶层出版物的组织，是第六十二代天皇村上天皇的第十皇女选子内亲王（964—1035）。选子内亲王连任五代斋院，通称"大斋院"。

侍奉伊势神宫的未婚皇女，称为"斋王"，始于神话时代，持续至镰仓时代末期；执掌贺茂神社的未婚皇女，则是"斋宫"，始于810年，持续至镰仓时代初期。后来，贺茂神社也设置了"斋王"，于是伊势神宫那方就称为"斋宫"，贺茂神社这方就称为"斋院"了。选子内亲王上任"斋院"后，设置了"物语司""和歌司"官署，这正是"王朝出版社"。

老实说，当时稍有文才的女官，最憧憬的职业正是王朝出版社的编辑。紫式部在她的日记中批评大斋院女官没有杰出的和歌人才，说穿了，只是一种酸葡萄心理。我呢？当然内心也将那些编辑女官视为劲敌，但我比较聪明，不会在随笔中随便透露这点。

守夜避忌

最后来说说夜晚。大家知道"守庚申"这个词吗？我们那个时代，每逢庚申日，必须整夜不眠，或请阴阳师来念咒，或办文艺活动。什么和歌竞赛啦、物语竞赛啦、管弦竞赛啦，等等,通常都在这天夜晚举行。这晚,清凉殿就真的是灯火辉煌、歌舞升平了。不只清凉殿,斋院那边也是热闹非凡。庚申夜晚是王朝文学的立脚点,嗯,应该可以这样说。

最无聊的夜晚是皇上的"物忌"日,汉文大概是"避忌"。例如,重要仪式前几天,或前一晚做了噩梦,或碰到天神将路过自己宅邸方位时,就得闭门谢客,甚至连信件都不能收。个人宅邸只要紧闭门户就可以;皇上的话,整个京城都要闭关自守,不但宫内的人无法外出,而且宫外的人也不能进来。我们女官平常便终日守在后宫垂帘内,遇到皇上"物忌"日,倒也无所谓,可怜的是那些入宫上班的殿上人,有时候要连续关在宫内几天,又不能饮酒吟诗作乐,说有多无聊就有多无聊。你们知道那些男人无聊时,都在做些什么吗?答案是:汉字游戏。木字旁的汉字,有些什么?草字头的汉字,又有些什么?唉,简直跟小孩子一样,难道没有其他游戏可玩吗?偷偷透露一件事,要不是我们女人不能参加汉字游戏,不然,连连得冠军的,说不定正是我呢!

讲到这里,应该可以了吧?我已经口干舌燥,要回阴间润润喉了,下次有缘再见吧!希望茂吕欧巴桑不要再把我拖出来了,要找,就去找那个阴森森的紫式部好了。

第五节　平安式恋爱

桓武天皇于 794 年迁都后，直至 1185 年源赖朝溃灭平氏，掌握军事、警政权，并在全国各地设置"地头"（掌管土地、税收、警政）、"守护"（掌管军事、警政，监督"地头"），确立武士时代之前的将近四百年，正是"平安时代"。

平安时代初期，农民为了逃税，时时远离家乡，过着流浪、逃亡的日子。这一时期的征税方式是人头税，以户籍所记载的人口为根基而征税。但女人、儿童、老人除外，因而各地的农村户籍往往十室九空，只剩下女人及老小。10 世纪初，朝廷废除租庸调制度，改为以土地为单位的课税方式。地方政治由中央朝廷派遣的国守掌管，国守通常自中、下级贵族中选任，大部分国守都带领一家大小，包括仆役、女官等赴任。这一时期的体制称为"王朝国家体制"。

中央朝廷则演变为由外戚（天皇的外祖父、舅舅们）执政的"摄关政治"。"摄关政治"达到顶峰的 11 世纪初，宫廷才媛辈出，留下不少堪称世界遗产的文学作品，也让后人得以明了当时的贵族生活方式。然而，无论紫式部或清少纳言、和泉式部，皆为中下级贵族阶层女性，且服侍于她们身边的女官、女童，虽非贵族阶层，却也非一般庶民，应该说是上层庶民女性。而这一时代人们的生活样式与价值观念，每每因身份与社会阶层的不同而有云泥之别。也因此，后人从《枕草子》或《源氏物语》中，其实无从得知一般庶民的生活方式与价值观念，所幸另有《今昔物语》《宇治拾遗物语》等古籍可以补其所遗，让后人勾勒出大致轮廓。

在此，我们先来看看平安式恋爱与现代式恋爱到底有何不同。

大秽苦恋

一般说来，上层庶民身份以上的平安时代男女，罕有正面接触的机会，男人通常凭借风声、小道消息得知某某家有黄花闺女或单身妇女，若双方门当户对，男方也对女方感兴趣，便可以展开追求。追求方式是送和歌给女方，相当于现代的情书。与现代相异之点是，无论男方再如何倾慕女方，也无从知道女方的长相。这点，倒跟现代的网恋有点类似。

▶ 平安式恋爱中，"和歌情书"是不可少的。不论未婚已婚，想谈恋爱，就非写不可。图为五岛美术馆藏，国宝《源氏物语绘卷·夕雾》一帖中，男主人发现女主人的私藏情书，抢来一读的场景。

《今昔物语集》卷三十第一话，便有个典型例子。

话说，有位眉清目秀、文采风流的男子，名为平定文。平定文其实是桓武天皇的第四代孙子，其祖父是宇多天皇的舅舅，他是名副其实的名门子弟。不过，大概他对政治不感兴趣，在朝廷的官位不怎么高，五品官而已，但在恋爱方面却是个赫赫有名的花花公子。

平定文时常出入左大臣藤原时平的宅邸，自下人口中得知宅邸内有位外貌如花似玉、内在兰心蕙质的女官。这位花花公子马上展开热烈追求。然而，对方却冷若冰霜，送出去的和歌情书全部杳如黄鹤。平定文只得在情书中写道："看在我每天以泪洗面的分上，如果你看了我的信，最起码也得给我一封'看了'的回信。"

结果，女官果然回信了。平定文大喜若狂，跌跌撞撞地自屋内冲到大门接收下人送来的回信。他满腔期待地打开一看，发现信上竟只有"看了"两个字，而且是从平定文的信文中剪贴下来的。

这位花花公子向来攻无不克，没想到竟有人不吃他这一套，于是打算放弃这段恋情。可是，一旦点燃的恋慕之情，怎可能说灭就灭？况且，男人的征服欲也容不得他坦然放手。但平定文不愧是当代花花公子，熟知恋爱战场的进退策略，在这之后，整整三个月，他都保持着沉默。对女人来说，这一招应该很有效果。

三个月过后的五月下旬，某个风雨凄凄的夜晚，平定文冒雨来到女官的住处。他心想，在这种夜晚，用这种突击方式，应该可以令女官动容。于是他叫出女官身边的女童，传达自己的心意，女童回复说："现在宅邸大人还未睡，主人无法回房，等主人回房后，我再出来偷偷通告。"

得知女童愿意暗中帮忙，平定文便躲在隐蔽处，足足等了两个钟头。对咱们这位花花公子来说，这两个钟头大概一秒如三秋。

然后，冷不防有人自内部打开边门门锁。平定文过去拉开边门，兴奋得全身发抖。摸黑进入室内一看，空气中飘荡着熏香味。看样子，这儿是女官住处的厢房。他继续摸到应该是睡铺的地方，果然让花花公子摸到一头冰河般的长发。黑暗中，睡铺传来女官的声音："哎，我忘了锁上隔扇的锁，我先去锁门再来。"女官脱下上衣，只穿着内衣、裤裙去锁门。

可是，等了老半天，就是不见女官回来。花花公子起身到隔扇探看，发现隔扇的确上锁了，但锁是从另一间里房上的。也就是说，女官逃进里房，将花花公子锁在门外了。公子捶胸顿足，然而女官已成功逃脱，他又能如何？

事情到了这种地步，即便吃了再多哑巴亏，他也只能死心了。但是，要熄灭心中欲火，也要有个契机吧？平定文苦思冥想，总算想出一个点子：只要看了佳人的大秽，应该可以脱离单相思的痛苦。

这真是终极选择！这一招，足以令现代痴心汉自愧不如。

总之，咱们的花花公子煞费周章才自女童手中将便壶抢了过来。高级便壶上涂有金粉，考究又雅致，但想到里面装的是"米田共"，公子不由得于心不忍，迟迟无法掀开便壶盖。凝视了一会儿，公子终于下定决心，狠心掀开便壶盖。

原以为会臭气熏天，不料，冲进鼻腔的竟是一股丁香味。

仔细一看，便壶内的确有半壶薄黄色的水，另有三根长约二三寸、拇指般粗的圆形物体。左看右看分明是"那个"，却香气芬馥。难道自红粉佳人体内出来的"东西"，也与众不同？公子用木片取出圆形物体，再用舌尖舔了一下，这才恍然大悟，原来薄黄色的水是丁香煮成的汤汁，而圆形物体则是用山萆薢、熏香、甘葛调剂成，再用粗毛笔杆挤出来的"赝品"。

这场男女恋情交战，算是男方彻底败北，却也在一定程度上反映了当时的贵族男女在进洞房之前，手续相当麻烦。

这则说话，有不少版本。《今昔物语集》中，作者于最后一段让花花公子因相思病而过世；但《宇治拾遗物语》的作者，不但没让公子生病，还让他于事后生龙活虎地"讲述"给别人听。芥川龙之介则在其《好色》短篇小说结尾，让公子躺在地板上呻吟："侍从（女官官名）！是你杀了我平定文！"最后让全身发出金光、脸上挂着恬然笑容的女官，浮现于公子那半死不活的双眸中。

那，咱们这位花花公子究竟有没有死于相思病？且听下回分解。

无常缘恋

话说平安时代有位花花公子，名为平定文，长得一表人才，出身高贵，若将精力用在钻营权贵上，应该可以在朝廷颐指气使，好不威风。怎奈咱们这位花花公子偏好拈花惹草，到处留情，因而即便青史名留，千年后的今日，官位仍停驻在从五品上。

自从吃过某女官的苦头后，平定文的确意志消沉了一阵子，然秉着"弱水三千,我何必只取一瓢饮"的精神,某天,他到集市凑热闹,看能不能幸得邂逅之缘。

无巧不成书,这天,皇后后宫几位女官也到集市采购。女官们当然不能抛头露面,都坐在牛车内,隔着垂帘指使随从或女童办事。平定文看到数辆牛车垂帘外五彩缤纷的袖口与下摆,便如苍蝇见膻一般,春情发动起来。回到宅邸后,马上写了一封和歌情书,派人送到后宫。女官们回信问:"牛车不止一辆,车内也不止一人,请问公子看中哪位?"平定文再度送去和歌:"我恋慕的是绯红袖口佳人。"

当天身穿绯红袖口十二单衣的女官,是武藏国(现东京都与埼玉县)国守的女儿。这位武藏女,的确是位姿容出色的美人。之前虽也曾有几位门当户对的男子向她求爱,只是武藏女眼光过高,至今仍待字闺中。不知是平定文文采太好,还是武藏女折服于花花公子的热情,总之,经过一段日子的鱼雁往返,平定文终于成为武藏女的"入幕之宾"。

按理说,平安时代的恋爱方式是:洞房花烛夜之前,男方无法得知女方长相;云收雨散之后,男方也不见得能看清女方姿容。女方在迎入男方之前,大抵已知道男方的长相与谈吐,但男方通常在入夜后才摸黑进入女方房间(或宅邸),天亮之前便必须离去,因而就算有过肌肤之亲,男方往往也无法看清女方的五官。而经过一夜缠绵,男方若有意继续与女方交往,第二天清晨回到自己家后,得马上派人送情书给女方,表达自己的心意。这时,女方可以在回信中许诺或拒绝男方。倘若女方也对男方称心满意,男方必须连续三晚都到女方寝室圆房,之后才成为"正式情侣"。这以后,男方便可以于白天会见女方了。不过，这时代的性爱关系非常自由，只要你有本事，男女双方都可以拥有复数的"正式情侣"。

然而，平定文于第二天早上竟没送情书给武藏女，第二天夜晚也没登门造访。就这样过了五六天，一封信都没收到的武藏女感到无地自容，竟然落发出家了。要是一般女官，这种情况其实是家常便饭，不足介意。坏就坏在武藏女自尊心太高，挑三拣四才选中一位意中人，没想到这位意中人竟将人家当敝屣看！

可是，咱们这位花花公子果真如此没良心吗？其实不是。平定文同武藏女度过一夜衾枕之乐后，回到家中，凑巧接到皇上御旨，慌忙赶到宫中，当天便随同皇上行幸去了。平定文一去就是五六天，回来后，才知道武藏女未风先雨的决定，却懊悔不及了。

这段故事载于《今昔物语集》卷三十第二话，一方面，作者于结尾责备平定文不懂得女人心，就算碰上性命攸关之大事，也要想办法送信给女方。另一方面，也将武藏女出家的原因归咎于前生所欠的宿债。

连续看了两则故事，我不禁有个疑问：平定文真是个花花公子吗？以现代人的眼光看来，他似乎只是个粗心大意、在恋爱战场上连连失利的贵公子而已。

虫蛇窥恋

话又说回来，在定情夜之前，男方也并非毫无目睹女方容貌的机会。《堤中纳言物语》中有一篇《虫姬》，非常有趣。

虫姬是某按察使的女儿，算是千金小姐。从小便是父母的掌上珠，但长大后却成为父母的紧箍儿。她说："世间人喜爱花、蝶，通常只因为其外表美好顺眼，这实在是种极为愚蠢的观念。人必须具有想洞察真实、追求事物本质的心，人生才会有趣。"所以她不像一般千金小姐那样喜欢赏花追蝶，而偏爱收集各种昆虫。

又说："毛毛虫的心，深邃又娴静。"

而在形形色色的昆虫中，她尤其喜爱毛毛虫。

由于女仆们不愿代主人收集这些昆虫，虫姬便召集了几个女仆口中所谓"身份低贱"的男童，让他们四处去收集昆虫，再将所收集的昆虫养在各式各样的笼子内，成天趴在笼子前观察昆虫。

当时的贵族女性，到了一定年龄，通常必须拔眉毛、染黑牙，可这位虫姬眉毛粗得"简直就跟毛毛虫一样"，牙床也白得像"脱皮"了似的……女仆们对这样的主人感到恶心，时常在虫姬背后批评她，甚至冷嘲热讽："碰到这种主人，我看冬天大家都不用加穿衣服了，反正小姐身边有很多毛皮，不加穿衣服也不会感觉冷吧。"

这儿说的"毛皮"，意即毛毛虫身上那层毛皮。

风声传开后，引起某位最上级贵族阶层公子的好奇。这位公子，刻意做了一条布蛇，装在鳞状花样的布袋中，再附上一首和歌：

蛇行匍匐为伴君，天长地老似吾身。

意思是：这条蛇风闻虫姬的事，千辛万苦爬来陪伴虫姬，且将陪伴终生。

女仆们看不懂和歌的意思，便将布袋直接送到虫姬面前。岂知这布袋暗藏机关，一打开布袋，里面会跳出一条蛇。众女仆吓得花容失色、四处奔逃。虫姬虽故作镇定，却也不敢伸手去触摸"礼物"。

骚动传到按察使房间。一家之主的父亲大人拿着一把长刀出来，打算斩蛇，但仔细一看，才知道引起骚动的祸首只是个精致的玩具。

父亲大人赞赏了送礼人的幽默，并吩咐女儿马上给对方回信。有人送和歌来，表示对方有意向女儿求爱，对终年老是担忧没人向女儿求婚的老父亲来说，如此不可多得的机会，怎可错过？

虫姬只好回一首和歌：

若果夙世因缘结，极乐净土来世见。
今生难为长蛇姿，恳愿相逢福地园。

来信的主角既是"蛇"，虫姬也只能回信给"蛇"。而且信纸是一张粗糙硬纸，用的文字是片假名。

这儿，作者借"硬纸""片假名"来强调虫姬从未与异性书信往来，对男欢女爱也不感兴趣，因而不懂得在这种场合，必须用华丽信纸、平假名回信，且信文外还得附加寓意花草之类的常规。

这种与众不同的作风，反倒挑起贵公子的兴头，于是邀了另一位贵公子，乔装为女人，趁按察使不在家时，躲在虫姬居住的厢房院子板墙内（院子内设置的木板墙，避免闲人看到室内）偷窥。结果，一看之下，院子有几个男童正在寻找毛毛虫，而虫姬也为了分辨毛毛虫种类，竟然只在头上披着头巾，一把掀开垂帘来到窄廊，探出身子观看树上的毛毛虫，并吩咐男童将毛毛虫搁在她手中的扇子上。

▶ 平安式恋爱的另一重点是"窥看"，从篱笆外看，看竹帘、幔帐之内。图为东京国立博物馆所藏《扇面古写经》中登徒子"窥春"的场面，请注意，即使在你侬我侬的紧要关头，平安男人还是不会把那顶乌帽子摘下的。

两位公子看得目瞪口呆。

简单说来，一般贵族小姐到了某个年龄，都生活在垂帘内，除了身边女仆、女童，绝对不能让异性看到自己的面貌（母子间、父女间也一样）。而虫姬不愧是千金小姐，深知此规矩，所以步出垂帘前不忘在头上披上头巾。但那头巾明显只是做个样子而已，且身上的服装配色宛如邋遢的中年女仆，毫无年轻女孩的风韵。

男童之一的"蝼蛄男"发现板墙内有人在偷窥，便叫嚷了起来。这下好了，不但惊动了厢房内所有女仆，又引起一场人仰马翻的闹剧……

▷ 平安朝是一个恋爱相对自由的时代,男女之防并不严谨,即使斋宫神社里的童女,还是有人敢追。《伊势物语》之中,便有不少"追到神社去"的段落。(奈良绘《伊势物语》,芦泽家藏)

最好笑的是，虫姬在奔回垂帘内之前，竟然将毛毛虫纳入自己袖口内！

而这一切小动作，都让两位贵公子看个精光。

送蛇给虫姬的贵公子，口中虽与同伴打着哈哈，但内心却也不得不承认，不施脂粉、一点女儿态都没有的虫姬，确实如出水芙蓉，飘逸脱俗，只要稍加打扮，应能成为群芳之后。

"就这样回去的话，未免太无趣了，至少要让虫姬知道我们已看到了她的容貌。"

于是，贵公子写了一首和歌：

蠋之毛发入眼帘，目不转睛欲养之。

意思是：我已经看到你那毛毛虫般的眉毛，深浓的眉毛宛如你深邃的心。请问，你能否成为吾妻？

写毕，再叫"蝼蛄男"传送给虫姬。

女仆们看完"蝼蛄男"送来的信，在主人一旁叽里呱啦："这铁定是开玩笑的！""他只是在嘲弄小姐而已！"女仆们还顺便数落了虫姬平日生活的"不检点"。

虫姬却回说："人只要彻悟人生，（爱毛毛虫、不修边幅等）没什么好羞耻的。如梦如幻般的短暂人生，到底有谁能长生不老，见闻世上所有一切诸般现象，而判断其善恶呢？"

贵公子到底有无获得虫姬芳心，因故事在此结束，吾辈后人就不得而知了。但这则故事却说明当时的男子也会绞尽脑汁去偷窥"名女人"的真面目。只是，成功概率大概很小。

连《源氏物语》中的光源氏都会上了"末摘花"的当了，

何况一般男子。

谜女虐恋

何谓"SM"?

"SM"是"Sadomasochism"的简称,也是"Slave"(奴隶)&"Masters"(主人)之意。这是某位心理学家所创出的合成词,结合"sadism"(施虐)、"masochism"(受虐)两词。而"sadism"一词又出自18世纪法国小说家萨德的姓氏——Donatien Alphonse Franois de Sade(1740—1814);"masochism"则取自19世纪奥地利小说家马索赫的姓氏——Leopold von Sacher-Masoch(1836—1895)。萨德通称"萨德侯爵",为法国贵族一员,生前因犯了性虐待等罪,导致大半生都在狱中度过,也留下不少惊世骇俗的作品。

有人将"SM"翻译成"性虐待狂",或"施虐狂""受虐狂"等词。但"SM"原则上是基于双方精神信赖关系所构筑出的性爱情趣,一个愿打、一个愿挨,且打得甜甜蜜蜜,挨得心花怒放,旁人理应没有理由因之而口诛笔伐,更不应将人家归类为"狂人",因此,我觉得大陆社会学家李银河女士(已故作家王小波的夫人)所推广的"虐恋"一词,更能表达"SM"的本质。

那么,"虐恋"到底起始于何时?此外,最早的文字记载到底是何书?我不知道答案,只知道,日本有关"虐恋"的最早的文字记载,是《今昔物语集》卷二十九第三话《不被人知女盗人语第三》。

这故事的视点,始终固定在"受虐"男子上,致使读者完全摸不清"施虐"女子的心理状态,于是后人每逢提到此故事时，往往喜欢称"施虐"女子为"谜女"。而这"谜女"的心理状态，在历经千年岁月后的今日，谜底仍无法揭开。

我们先来看看故事到底如何进行。

有位30岁左右的武士（武士在这时代身份很低），下巴胡子有点红，个子高大，长相算是俊秀，至少能令女子多瞧一眼。某天傍晚，武士无所事事在京城闲逛，来到某处，忽闻有人以老鼠叫声"吱、吱"呼唤他。环视了四周，他才发现有人自附近一栋住家板窗内向他招手。（用老鼠叫声吸引旁人注意的方式，在平安时代似乎很普遍，清少纳言也在《枕草子》中用老鼠叫声呼唤麻雀，可能类似现代的"啧、啧"声。）

武士挨近问："有何贵干？"

"我有话想跟你说。大门看似关着，但只要一推便可以进来，请你从大门进来。"回应的是女声。

虽感到意外，武士还是推门进去了。女子又说："请把门锁上。"武士照做后，又传来女子声音："请进来吧。"声音传自垂帘内。武士掀开垂帘进去一看，发现里面端坐着一位二十出头、千娇百媚的女子，正向自己含笑点头。这种煮熟的鸭子，怎可以让它飞了？武士便同女子共抱了鸳鸯被（这时期虽有榻榻米，但没有盖被，盖被是身上的衣服）。

春风一度后，武士察觉屋内没有任何其他人，内心好生疑惑，但又贪图身边佳人美色，也就管不了那么多了。半睡半醒中，不知不觉已近黄昏。突然，外边传来敲门声。由于家中没下人，武士只好自己去开门。

进来的是两位武士打扮的男子、一位女官打扮的女子，外加一位女仆。这些人一进门，便敏捷地关上板窗、点起灯火，并端出用银器盛着的豪华晚餐,毕恭毕敬侍候武士与"谜女"用餐。

"我进来时,明明有锁上门。之后,也不见身边佳人向任何人吩咐什么,为什么这些人连我的晚餐也带来了?难道除了我,这家里还有其他情夫?"

满腹狐疑的武士边吃边暗忖,但见"谜女"一副气定神闲的模样,也就不好开口问东问西。吃完后,女官打扮的女子收拾了一切,一伙人又离去了。"谜女"再度吩咐武士锁上大门,两人相拥而眠。

第二天清晨,又有人来敲门。这回不是昨晚那些人,而是另一批人。这些人也是进门后便动手开窗、打扫房内,且准备了早餐与午餐,一切就绪后,又全部走了。(平安时代应该只有两餐,因而这儿的"早餐"与"午餐",想必是现代的"午餐"与"晚餐"。)

如此过了两三天,"谜女"问武士:"有不得不去的地方或必须办的事吗?"

武士回说:"我想到某熟人那儿,向他交代一些事。"

"那你马上出门办事去吧。"

过一会儿,三名随从与一名马童牵着一匹雕鞍骏马来报到了。"谜女"又从其他房间取出一套盛服,将武士打扮得有头有脸,送武士出门。

总之,无论是随从或是女仆,每次都于适当时刻出现,也都走得不着痕迹。武士则整日过着衣来伸手、饭来张口的日子。

就这样过了二十天左右,"谜女"向武士说:"没想到我俩会成为这种关系,这或许只是一场短暂的因缘,但也必定是有缘才会这样吧。那么,往后不管要你死或要你活,你都肯听我的话吧?"

"现在要我死或要我活,全凭你说了算。"

看样子,经过 20 天的相处,武士是真心爱上"谜女"了。

于是,"谜女"带领武士来到里边另一栋房,将武士的头发绑在十字架上,并让武士背向自己,且绑住武士的双足。然后,"谜女"自己则换穿了一套公卿便服,头上戴顶乌帽,露出一只臂膀,手持鞭子,狠狠地在武士背部鞭打了 80 次。

"怎样?疼吗?"

事到如今,武士若说"疼",岂不有失男子汉大丈夫的面子?只能回答:"哪里,这点小伤不算什么。"

"果然不失我望。"

之后三天,"谜女"体贴入微地照拂武士的伤痕,连吃食也比以前丰富。正当武士的伤痕看似将近痊愈时,"谜女"再度带武士来到先前的房子。

这回也跟上回一样,"谜女"将武士绑在十字架上,再度狠狠抽打了 80 次。第三次甚至连胸前、腹部也鞭打得血肉淋漓。不愧是武士,三次都忍了下来。

当伤痕完全治愈后,某天傍晚,"谜女"给武士一套黑色服装、绑腿、草鞋,以及一副崭新弓箭,接着向武士说:"你到蓼中(地名)御门,轻声弹一下弓弦,应该有人也会用弹弓弦回应你。然后吹一下口哨,这也应该有人会回你口哨。到时候,你再挨近那人,那人若问你是谁,你只要回说'我来了'就行。那人会带你到某处,叫你站在那儿监视,要是有人想妨碍工作,你必须排除障碍。之后你再到船岳（京都市北区的小山，也是火葬场）山脚下，众人会在那儿分配货物，但你绝对不能接受任何财物。"

武士按照吩咐去做，来到目的地，发现同样打扮的男子有20人左右。不远处，站着一位皮肤白皙、个子娇小的男子。众人似乎都服从那位娇小男子的命令。其他另有二三十个跑龙套的。总计50人的不知名集团，全体各就各位，进入京城。

当众人准备闯入某大宅邸时，武士加入可能会遇到劲敌的小组。混乱中，武士大展身手，射杀了一名抵御者。一切都结束后，大家聚集在船岳山脚下分赃，武士以"自己只是见习身份"的理由拒绝了任何财物。那位看似首领的娇小男子，一直关注着武士的行动，看到武士拒绝了财物，向武士点头表示称许。武士回到"谜女"家时，"谜女"已准备好洗澡水、盛餐。

武士已经深爱上"谜女"，所以并不觉得"工作"难以招架，反而做得有模有样。"谜女"甚至交给武士一把钥匙，要他到堆满金银财宝的仓库取钱财来。如此，过了一两年。

某天，"谜女"一反常态，哀怨地泣泪成珠，武士问她："怎么回事？"

"想到万一哪天迫不得已必须同你分手时，我就很悲哀。"

"为什么事到如今你会这样想呢？"

"人生无常，这种事屡见不鲜呀。"

对于"谜女"的态度，武士全然不以为意，出门办事去了。由于打算在该地逗留两三天，马匹与随从也陪武士在该地住宿。第二天傍晚，随从牵着马匹不告而别。寻遍四处都找不到人影。

▷ 平安朝未脱母系社会结构,女性的恋爱自由程度,并不亚于男性。因此,两性间互相侦防窥探,也成了平安式恋爱的特色。(奈良绘《伊势物语》,芦泽家藏)

武士觉得事情不妙，赶忙向人借了马匹飞奔回家。不料，"谜女"的住居竟消失得无影无踪，连仓库也不翼而飞。这时，武士才想起出门前"谜女"所流的眼泪。

茫无头绪的武士只得先到友人家寄宿。之后，武士照着至今为止所学来的"工作"步骤，单独行窃了两三次，最后终于难逃法网，才招出一切。

"谜女"到底是何方人物？《今昔物语集》的作者没说明。但在武士的招供中，即已提供了线索。据武士说，曾有一次藉火把亮光看清了那娇小首领的容貌，当时只觉得首领肤色白皙得像个女人，且五官与自己的妻子极为相似。

这么说来，"谜女"便是统率50人盗贼的首领了。可问题又来了，为什么"谜女"会抛下武士径自消失踪迹？

当初"谜女"对武士所做的"胡萝卜与鞭子"行为，严格说来，并非纯粹的"虐恋"举动，恐怕是一种入门测试。而武士能无缘无故接受再三考验，应该也非偶然事件，"谜女"于事前大概已调查过武士的身家背景与功夫。

而"谜女"年纪轻轻便成为盗贼集团首领，很可能是继承父亲的地位才成为第二代首领。而第二代首领若想从手下中挑选夫婿，说不定会引发内乱，因而"谜女"才引进外来人吧。至于"谜女"抛弃武士的原因，八成是想转移阵地了。

纵然答案果真如此，就剩下最后一个问题："谜女"的眼泪代表什么？

千年后的日本读者，每逢读到此段故事时，其思考通常会停在"眼泪"的意义上，尤其是女性读者。

据说有位大学教授出了上述考题给学生，结果学生的答案分成两派。一派谓"谜女"自始至终便打算如此做，眼泪只是做个样子；另一派则坚持"谜女"因为逐渐真心爱上武士，深恐私人的"爱"与组织的"义"无法并立，情非得已才泪洒离别间。

各位看官，您认为呢？

第三章 「阴阳・神佛」

第一节　当神道遇见佛教

日本号称是"八百万"（"众多"之意）神国，凡是与大自然有关的力量，或人力不可及的特殊现象，通通可以祭祀为神。例如，某些地方称奔驰如电的野狼为"犬神"，而在天空飞翔的乌鸦，于某个时代则被看成是神的使者。其他如巨石、神木、深山、瀑布、大海等，均有神的气息存在。

由于日本是阔叶林文化，古代绳文人无须费力开垦荒地，便可以得到食粮。在这种得天独厚的自然环境之下，古代日本人便认为这全是神的恩泽，神道思想，也就油然而生。于是，所有台风、洪水、地震、火山等天灾，甚至瘟疫，古代日本人均视为"神的愤怒"，只要神消气了，这些一时性的天灾也会平息，恢复原本的丰壤。

"八百万"众神

神道之所以称之为"道"，而非"教"，在于神道没有所谓的教义或类似《圣经》《古兰经》的戒律典籍，一切善恶完全由个人自行判断。而判断善恶的基准是：此行为能否给部落全体带来幸福。当然，所谓善恶的定义，会随时代而有所变化，因而神道思想也无时无刻不在变化。简单说来，神，主要是保护部落、村落等共同体，而非个人。也因此，古代日本人非常重视祭典，农民祭祀土地神、山区猎户祭祀山神、靠海维生的则

▷ 岛根县的出云大社,可说是日本神道的发源地之一。图为大社所珍藏的《出云大社并神乡图》(局部)。

祭祀海神，然后，部落全体定期聚集在一起举行祭典，感谢神的庇护。日本的所有祭典，原型都是人们与众神共聚一堂，吃吃喝喝，欣赏音乐与艺能。

"八百万"众神，基本上可分为自然神与人格神。前者是太阳神、月神、海神等；后者是祖先灵或过世的人。但也有两者兼具的神，典型例子是菅原道真，不但是雷神，也是学问神。

太古时代的日本，没有神社，人们认为众神聚集在古木、巨石旁，或是部落附近的丘陵、高山上。当时，这些场所均是圣地，除了祭典外，平常禁止人们出入。这时期的众神，都是自然神。5世纪至8世纪，大和朝廷为了构筑中央集权国家，天皇与地方豪族也为了巩固其地位，便将自己的先祖与古来的神道思想结合成一体。奈良时代初成书的《古事记》与《日本书纪》，正是大和朝廷统治日本的正当化集大成之作，也是人格神的初始。

日本神话中，天皇的祖先是太阳女神——天照大神，主要豪族的祖先也被列为天照大神的亲戚或建国协力者。如此，神话确立了天皇家的地位，但也成为一种束缚，要求天皇不能怀抱私欲。既然天皇家的先祖是住在高天原（天界）的最高位阶的人格神，当然既不能受到尘世污染，也不能擅自行使权力，于是，天皇便成为"虽君临天下，却不统治天下"的存在。实际治理国事的是地方豪族的先祖神。这也是天皇家为何能一脉相承、"万世一系"嫡传的主要原因。

平安时代中期，摄政关白藤原道长让女儿当上皇后时，在晚宴上吟诵了一首和歌："此世即吾世，如月满无缺。"可见藤原道长当时的权势有多大。然而，他也顶多让自己的女儿嫁给天皇或皇太子，最终成为天皇的外祖父而已，绝对不会妄想篡夺天皇宝座，让自己或儿子当上天皇。因为根据《古事记》记载，藤原氏的祖神是天儿屋命，也就是天照大神躲进天之岩户，致使大地陷于一片黑暗之际，在岩户前朗诵"祝词"（祭祀时的祷告文辞）的那位神祇。开天辟地以来，自己家祖神便为天皇家祖神的麾下，所以藤原氏再如何大权独揽，也绝对不敢冒渎神话中的铁则。

▷ 天皇是天照大神的后代，万世一系，代代相传。神奈川县清净光寺所藏的这一幅《后醍醐天皇画像》，把这种关系表现得淋漓尽致。

源赖朝开设镰仓幕府治理国家时，理应能以武力篡夺天皇宝座，但源赖朝做梦也不曾如此想过。赖朝于14岁被流放伊豆蛭之小岛，34岁举兵，期间20年，他每天都不忘念诵1100次佛经。1000次为自己的先祖而念，100次是为亡父身边忠臣镰田政家的灵魂而念。赖朝是清和源氏的嫡系子孙，往上回溯的话，先祖是第五十六代天皇清和天皇的皇子，算是当朝天皇的远亲，当然也不会想颠覆本支。

德川家康建立江户幕府管理中央政府时，自称是源氏后裔。家康虽仿效赖朝组成幕府，但真正的源氏后裔都不敢想入非非，理所当然地，家康也不敢越雷池一步。因为若真敢篡位，必定会遭受全国大名的围剿。

总之，日本天皇能成为全球在位最久的皇室，说穿了，其实正是神道思想在起作用。

而当神道遇见佛教时，究竟是"道"高一尺，还是"佛"高一丈？

佛从东来，与神相遇

根据《日本书纪》记载，6世纪中期，朝鲜半岛百济国送来佛像、佛经，这是佛教正式传入日本的开端。不过，这是佛教传入朝廷时的记录，当时与朝鲜半岛有交通往来的北九州岛等地，想必早已有佛教信徒了。

收到佛像与佛经的第二十九代天皇钦明天皇，看到佛像那柔和表情，有点心动。但朝廷大臣却分为开明派、国粹派。最后钦明天皇只得放弃拜佛之举，将佛像与佛经交给开明派，让他们各自去拜佛、传教。然而，钦明天皇的第二、第三妃子，皆为开明派大臣的女儿；第三十代天皇敏达天皇的妃子，也是佛教信徒。换句话说，即便当代天皇不信佛教，后宫也已是一人吃斋、十人念佛了。到了第三十一代天皇用明天皇时，天皇本人终于成为佛教信徒。从这一时期开始，也就是 6 世纪末圣德太子时代，朝廷大力推广佛教，积极建设寺院，同时，也开始大举建置神社，重整神事规范。这正是飞鸟文化。

佛教一进入日本，立即被神道同化了。7 世纪以后的豪族，为了祭祀自己的先祖，争相建设寺院，这些寺院通称为"氏寺"。简单说来，原本祭祀于神社的氏神（先祖神），专门庇护整个氏族与其支配下的民众；而氏寺则供奉豪族个人的先祖灵牌，且可以接受个人的私念私欲。典型例子是奈良市的春日大社。春日大社是藤原氏的氏神，神位正是上述那位天儿屋命，算是天皇的外戚神社。不过，神社一旁的兴福寺却是藤原氏的氏寺。由此可见，这一时期的神道与佛教是互补关系。

最有趣也是神教信徒最无法理解的行为，大概是第四十代天皇天武天皇所做的事吧。天武天皇是位笃信佛教的信徒，不但派人环游全国讲解《金光明经》《仁王经》，更兴建了药师寺，并于 685 年完成了大和法寺的三重塔，甚至命令全国各个家庭必须设置佛龛供奉佛像。可是，也是在这一年，天武天皇制定了伊势神宫每隔 20 年得迁宫一次的"式年迁宫"法。自持统天皇施行第一次迁宫以来，此惯例已延续了 1300 年，要说这是世界史上的奇迹之一，真是一点也不为过。而且每回迁宫，也就是重新建造时，都保持着史前建筑样式。附带一提，日本人于奈良时代虽然创作了众多卓越的佛教美术、佛教建筑，但只要事关神社，便杜绝一切外来文化，死守着纪元前 300 年古代弥生时代的高床式稻米仓库建筑样式。只是，神社的建筑样式比当时的谷仓建筑样式规模大了几十倍。

"神"与"佛"结合为一

话又说回来,平安新佛教创始者之一的最澄,在比叡山开设延历寺时,将自古以来便是比叡山地主神的大山咋神,奉祀为延历寺的镇守神、天台宗的守护神,此神社正是面向琵琶湖的日吉大社。而空海则奉迎丹生明神、高野明神母子神为高野山的守护神。丹生明神是水银女神,也是高野山地主神,神社为丹生都比卖神社,又名天野大社。

大约在11世纪以后,天台宗与真言宗的僧侣,为了让"神"与"佛"结合为一,提倡"本地垂迹说":神本身就是佛,佛为了济度日本众生,才以神的姿态出现在日本。

以纯正佛教徒的立场来说,"神"也是"众生"之一,只要皈依三宝,便可以脱离轮回苦海。这一说法相当流行,于是,便出现了在神社内另立小寺院的情景,或僧侣在神社内念经的举动。而"神"也被冠上"权现"尊号。"权现",就是"菩萨的化身"。基于以上背景,天皇家才于德川家康死后追封其"东照大权现"神号,意思是家康本为药师如来,化身为德川家康来东国(日本)普照众生。

不过,此说法只流行于都市区,地方城市或农村民众根本不理这一套。神就是神,佛就是佛,神掌管全村大自然环境,佛关照个人健康或私欲,彼此井水不犯河水,干吗得神佛合一?这也是引发日后"废佛毁释"运动的隐因之一。

镰仓时代以后便是武家掌权时代。镰仓幕府侧重神道,却不干涉各武士团在各自领地内所举行的祭祀样式,要拜神,或拜佛,皆可。镰仓时代以后,全国开始货畅其流,工商民逐渐

> 平安时代之后，佛教开山立寺，渐渐也把神道崇拜包括进来。图为空海所创建，和歌山县高野山金刚峰寺所藏《丹生都比咩明神画像》。

成长，于是工商民便按地域或行业团结起来，祭祀各自独立的神、佛。室町时代是守护大名支配一国或数国，武士团纷纷离开农村，成为大名家臣，此时，便由上层农民各自组织祭祀集团掌管村落的祭典。

到了战国时代，战国大名达成支配领地的目的后，最伤脑筋的便是该如何处理这些神社问题。结果，大名便命某些没落的武士名门专门负责具有权威的大神社所有神事，并给他们俸禄，这正是神社"神主"（kannusi）的起源。江户时代初期，"神主"掌管大神社、村落村长主管小神社的规定便确立了。

江户时代由于人们可以四处迁徙，自农村到都市发展为富豪，或离开村落自行开发新田、另组新村落的现象是家常便饭。在这种背景之下，人们开始奉祀可以达成个人愿望的福神、财神、流行神，稻荷神社便是当时的流行神之一。

除了全国各地村落独自的守护神以外，还有在山野修行的僧侣所创出的"修验道"（syugendou），这是融合神道、佛教、民间信仰的熊野神社，传教人通称"山伏"（yamabusi），既懂医术，也会咒术。"山伏"都定期出巡各个农村，传达外部资讯、咨商村落问题、教导医术或学问，是农村不可欠缺的存在。不过，江户时代，德川幕府不喜"山伏"借信仰与各地武士团组织联络通讯网，规劝他们定居于都市。又因为国内交通发达，"山伏"所带来的外部信息不再如往昔那般贵重，因而熊野神社的势力才逐渐消退。

从"神佛分离"到"神道为国教"

明治维新后,新政府向国民宣称将由天皇亲自主政,然而事实上,明治天皇依然只是个象征,实际掌权的是萨摩藩、长州藩的能吏。这时,江户时代末期崛起的"尊王攘夷"国学论,已深入民间,大部分民众认为只要"王政复古",经济便可以复苏。当时,明治政府的真正目的是富国强兵,打算积极导入欧美科学技术,但为了证明推翻德川幕府时所抬出的"天皇亲政"名目,且为了表示支持国学论,只得在明治元年(1868年)颁布"神佛分离令",将神社地位置于寺院之上。

这一时代,神佛合一的思想已极为普遍,加上德川幕府长年施行佛教保护政策,大部分的神社都由僧侣代为主持神事。而一般寺院僧侣也只顾着经营墓地、葬礼,以获利为重,导致民众对佛教寺院的不满达到沸点。因而,政府颁布"神佛分离令"之后,竟引发全国各地不约而同地兴起"废佛毁释"运动。据说,当时全国约有半数寺院都在这一时期遭到破坏,或因无法经营而沦为废寺。民众运动持续了多年,佛教界才"洗心革面",改以研究佛典、教化民众为重。

明治政府又于新政府成立后第四年,宣布"神道为国教"令,将所有神社序列为官币社(由皇室捐钱主持神事祭典)、国币社(由国库捐钱主持神事祭典)、县社(由地方首长掌管)、乡社、村社。而且规定神主只能举行祭祀祭典,不能擅自传教。此政策直至日本在第二次世界大战战败那年(1945年)才告终。所幸,史前以来,神道思想始终是大和民族的精神依归,因此神社即便由国营转为私营,也还能靠民众的坚持而持续营运下去。

▷ 东京大东急纪念文库所收藏的《金刚般若经》，可说是日本佛教与神道相融合的最好范例。佛经之前所绘，竟是神道系统的《春日童子》画像，而童子的双手所结，却又是密宗佛教的手印。

一般说来，二战前出生且成长于普通家庭的日本人，都习惯每天在同一房间轮流膜拜神坛与佛龛。神坛通常设置在天花板下，站立着击掌、鞠躬；而佛龛通常设置在房间一隅，跪坐着烧香、合掌。有些家庭庭院还有小小的稻荷神社，这也要拜。逢年过节时，更要在厨房、厕所各自奉上杨桐树枝、年糕，拜灶神、水神、厕所神等。

不可捉摸，也不可或缺

综观以上过程可知，日本的神道思想其实极为柔和，神道信徒绝对不会排挤其他宗教信徒。江户时代初期的基督教徒弹压政策，也不是起因于排除异教，而是想摒除欲借宗教扩展其亚洲殖民地版图的西班牙等国家。神道思想，也是大和民族可以大量接受外来文化，加以消化后，吐丝作茧，最终蜕变为本土文化的基石。

那么，为什么日本的"神"，能够如此宽宏大量？依我个人见解，那是因为日本的"神"，缺乏实体，没有面貌。任何宗教或寺院，大多有雕像或神像，人们可以瞻仰神、佛的尊容。但，日本的"神"，随时可以化身为树、石、风、云、雨等，是一种抽象存在，也可以说是一种"气"。因此，日本的神社内没有神像，人们一穿过鸟居，便等于跨入神的境域。或许由于日本的"神"的存在本身过于笼统，方才可以接受任何有佛像、神像的宗教吧。

日本的佛像，通常是由神木、灵木制成，较少有金光闪闪的佛像，这也是基于神木、灵木本身便具有日本神的气息，对日本人来说，让神来护持佛像，比较安稳牢固。举例来说，每隔20年，伊势神宫迁宫时，捐款最多的，通常是佛教教团。

现代日本人在建筑工厂、大厦、自家房屋时，事先都会请神主来主持"地镇祭"；超高层大厦顶楼也通常有个小神社；鹿儿岛县种子岛宇宙中心于2002年发射H2A火箭前，所有技术人员都曾到附近的宝满神社参拜；茨城县筑波宇宙中心也在每次发射火箭前，都会向当地的守护神筑波山神社祈愿；文部科学省（教育部科学指导委员会）的深海潜水艇，更祭祀着船灵神；而日本的开车族，驾驶座前通常都挂着从交通安全神社取得的护身符。换句话说，所有人类发明的尖端技术，一旦来到日本，依然要先经过"神"（大自然）的庇护手续，日本人才能安心运用。

总而言之，神道之于日本人，犹如阳光之于树木，虽不可捉摸，却也不可或缺。

第二节　最澄与空海

奈良时代的佛教僧侣，往往以"看病僧"（为病人祈祷加持）的身份深入宫廷内部，赢得宫廷内掌权女性的庇护后，再逐步登上龙门。玄昉、道镜可谓个中代表。玄昉倚靠阴谋诡计，道镜则凭恃性能力与咒术，隐于幕后控制朝廷。这两人均仰赖朝廷女性的力量，才得以扩展自己的教团势力。桓武天皇迁都的目的之一正是想摈除奈良时代宗教支配政治的弊病。也因此，新兴佛教便应运而生。

平安新兴佛教之双璧，是最澄所创立的天台宗，以及空海所开创的真言宗。新兴佛教的特色是不参与政治，在山中建立寺院，僧侣只专精束身修行、钻研佛经与学问，因而新兴佛教又称"山岳佛教"。最澄的道场是比叡山（横跨京都府与滋贺县）延历寺，空海的立脚点则是高野山（和歌山县）金刚峰寺。

渡唐求法

同样身为新兴佛教开山鼻祖的最澄与空海，有不少共通点。首先，两人均于 804 年渡唐（指中国的唐朝），但最澄是公费"还学生"身份，而空海是自费"留学生"身份。"还学生"与遣唐使一起渡唐，一起归国；"留学生"通常必须在唐国（指中国的唐朝）滞留二三十年，从基础开始学起。理所当然，两人在唐国所受的待遇，便有云泥之别。最澄在唐国待了八个半月，与遣唐使共同归国；空海则在唐国学了整整两年密宗后，才踏

▷ 闭目静思冥想的最澄法师画像,他与空海并为一时瑜亮,开创了平安佛教的新局面。(京都一乘寺藏)

上归途。这一年的遣唐使团出发船队，总计四艘，空海搭乘第一艘，最澄搭乘第二艘，第三艘在途中遭暴风雨，只好断念又驶回日本，第四艘则行踪不明，大概遇难沉到海底了。

其次，最澄与空海为同一时代的人。最澄生于767年，空海生于774年，两人只相差7岁。而且，两人都在青年时代经历了山林修行。

最澄于12岁入法门，14岁得度，19岁入东大寺受戒，却突然跑到比叡山盖了座草庵，过着山林修行的生活。对最澄来说，比叡山的修行生活是他的人生转折点。这一时期，京城已经迁移，而比叡山正位于平安京的艮位，也就是东北方，鬼门也。桓武天皇听闻最澄的盛名，便唤最澄下山入京，并让他跟随遣唐使团入唐。此时，最澄37岁。

与最澄相比，空海是地方豪族出身，15岁时，为了出仕而上京。18岁时，空海考进中央大学寮专授儒学的明经道科。如果朝这条路走下去，空海可以成为官僚，可是，他却遇见一位僧人，受教了"虚空藏菩萨求闻持法"，尔后便在四国深山流浪修行。空海在23岁时回到京城，写下《三教指归》，评论儒教、道教、佛教之优劣，断言佛教是最殊胜之道，并宣言将成为佛教弘法者。30岁时空海渡唐。

最澄在唐国只能滞留八个多月，入唐之后，便立即到台州天台山国清寺受戒。达成抄写大量经典的目的后，最澄发现唐国盛行密宗，便暗地学了一点皮毛。由于时间不够，他对密宗仅知大概，未求甚解。

而空海是留学生身份，不受时间所限，于是先到长安醴泉寺向印度僧侣学习梵文与印度哲学，后来又到青龙寺拜访当时的密宗圣哲惠果大师，短短三个月，空海便学成胎藏界灌顶、金刚界灌顶、传法灌顶大法，并传承了大阿阇梨的地位。当然，空海在日本时便自行研习密宗长达十多年，经惠果大师点化贯通后，才得到印证传承。两年后，空海又随着遣唐使团归国。

天才与学究

由于入唐留学生研习期间规定是 20 年以上，空海却提早归国，朝廷不允许他入京，他只好暂时驻留在福冈县观世音寺，35 岁那年才得以入京。

这时，桓武天皇已过世，失去庇护的最澄为了设置戒坛，只得主动接近空海。因为朝廷虽准许天台宗每年剃度僧侣两人，但指定其中一人必须是密宗。简单说来，最澄不得不拜后起之秀的空海为师。不料，两人在度过一段蜜月期，空海授予最澄金刚界、胎藏界灌顶后，竟然断交了。

断交的主要原因在于彼此的人生观与宗教观迥然不同。空海的目标是救济民众，而最澄却致力于戒坛独立。空海宽宏大量，能包容人，对事物的看法富有弹性；最澄却极为禁欲克己、宁折不弯、毫无妥协的余地。这可以从最澄与南都佛教论战事件中看出端倪，在这场论战中，最澄简直是口不择言，竟骂对方为"粗食者"（原文正是如此，意思是吃得不好）。僧侣骂僧侣为"粗食者"，似乎有点矛盾，但也可以证明其个性激烈偏执。

两位大师分袂的直接原因，说来好笑，竟然是"争风吃醋"。最澄有位宠爱的弟子，名为泰范。最澄让泰范到空海处学密宗，没想到泰范竟醉心于空海，不愿意回到最澄身边。为此，最澄写了一封哀恳信给泰范，要他"回心转意"。结果，空海代泰范回了一封断交信，两位大师自此便正式分道扬镳了。站在最澄的立场来看，泰范离他而去，是一种背叛；但对空海来说，即便对方是弟子，师家也必须尊重弟子的选择。

若要以个人才能来比较，空海理应比最澄棋高一着，然而，绵延不绝且始终高踞日本佛教进发基地的，却是最澄的比叡山。道元、日莲、亲鸾等镰仓时代新佛教的创始者，均出自比叡山。

在我看来，空海算是一种天才，属抽象派（以曼荼罗图案、咒术为重）；最澄则是学究气质，属写实派（以文字传教为重）。或许，天才底下无天才，也或许，天才并非人力可以培育出来的，以至于高野山无法人才辈出，不得不归向文化财保护委员会般的存在，死守着空海的遗产吧。

第三节　阴阳道

日本的阴阳师热潮似乎已逐渐稳固并落实在生活中。尤其是安倍晴明与源博雅这对"阴""阳"对比的活宝侦探，经由小说、漫画、电影、电视剧及百种以上的相关出版物宣扬，几乎已成为"平成年号时代新种偶像"了。

其实，将安倍晴明这位本来埋没于古典书籍中的阴阳师挖掘出来的作家，是 1987 年得到"日本 SF 大奖"的荒俣宏，他在得奖作品《帝都物语》中便让安倍晴明大显身手。《帝都物语》总计 12 卷，发行量高达 350 万册以上，也被拍成电影。然而，将安倍晴明与源博雅凑成"福尔摩斯与华生"的作家，则是梦枕貘。而漫画家冈野玲子又将这对活宝广传于少女读者群中，"新种偶像"便如此诞生了。

▶ 奈良樱井市安倍文殊院的安倍晴明木像。

绳文人后裔

根据传说，安倍晴明的母亲是白狐——当然，事实并非如此。比较有可能的推论是绳文人，也就是纪元前一万多年的绳文时代以来便定居于日本列岛的原住民，别名"山民""海民"。纪元前三百年左右，自中国大陆与朝鲜半岛渡海而来的移民是弥生人。绳文人是狩猎、采集文化，弥生人则是水稻文化。水稻文化的移民必须保有土地，在固定场所定居下来，形成部落。这些部落之间经过长期争霸战，逐渐构筑了古代大和朝廷。

而以狩猎、采集为主的绳文人，基本上没有定居的观念，他们的衣食父母是大自然，仰赖山、河川、大海的产物为主。因而他们不受大和朝廷所控制，类似游牧民族到处移居。奈良时代，大和朝廷加强中央集权，以开拓地方的名目迫害绳文人，并蔑称其为"隼人族""熊袭族""虾夷族"等。

平安年代，原住民中有一集团为"傀儡子"，经年沿着山岳路线在列岛各地移动。此集团有一群名为"白拍子"的女性，擅长歌舞，是农村举行祭典时备受欢迎的艺人。而"白拍子"中又有少数具有占卜能力的女巫。晴明的生母很可能是这类女巫之一。也因此，晴明天生就能够看到别人无法看到的东西，也就是"百鬼夜行"。

从阴阳师到军师

战国时代，朝廷没落，轮到武士阶级治世，阴阳师便从历史舞台上消失了。不过，全国各地的武将身边一定都有军师，这些军师的前身大部分正是阴阳师。而培训军师的学校"足利学校"创立于 1439 年,首任校长是当时的易学权威,名为"快元"的僧侣。每一位想当军师的人都必须学会占卜、风水、气象学等。足利学校直至明治五年(1872 年)才停办。

战国武将其实都很在意占卜,武将手中的军扇,也是咒术的一种。军扇两面各画有日、月,万一碰到不得不出战的凶日,只要于白天把军扇的月亮那面显现在外,让日夜颠倒,即能将凶日改为吉日。所有武将中,大概只有现实主义者的织田信长不相信这一套,而德川家康则非常重视咒术。德川家康开创江户幕府时,迎接了天台宗僧侣天海当幕僚顾问。天海具有丰富的阴阳道知识,为幕府尽力到第三代将军时才过世。

安倍晴明的后裔是土御门家,江户时代受德川幕府的庇护,一直掌握着阴阳师集团的实权,并成立了"土御门神道"。明治维新后,新政府不但剥夺了土御门家制作"历"的发行权,更废除了阴阳道。幸好有不少旁支以土御门家为首,暗地结成了"土御门神道同门会",阴阳道这才苟延残喘了下来。1952 年左

▶ 据说安倍晴明天生异禀,能见人之所未见,最有名的,当然就是"百鬼夜行"了。(《百鬼夜行图》,京都大德寺真珠庵藏)

右，根据麦克阿瑟将军所拟订的信教自由宪法草案，土御门神道才得以成为正式的宗教法人，以"家学"名目存续着阴阳道遗产，直至今日。

阴阳道流传到现代，有不少仪式已落实在日常生活中，例如第二次世界大战时曾流行一时的"千人针"，那是在一块白布上请人用红线缝一针，总计让千人缝千针，以保佑出征士兵能够生还的咒术。另外，祈求心愿能够达成的"千羽鹤"，也是阴阳道咒术的变形之一。孕妇于怀孕五个月时，必须在戌日缠上"妊妇带"，目的是祈望能安产。男子的大厄之年在42岁、女子的大厄之年在33岁的习俗，以及除夕夜的"除夕钟"必定敲打108下的习惯，也都源自阴阳道的数理。

第四章 文字・文学

第一节　汉字，能这样玩吗

汉字，到底是哪个时代传进日本的？有关这一问题，答案众说纷纭。一般的说法是 4 世纪中叶，但某些百科辞典却又标明是 1 世纪左右，更有学者坚持是秦始皇统一文字那时代，也就是公元前 200 年的徐福传说时代。

总之，汉字传入日本后，抵换了日本原有的神代文字（神代，日本史前时代的专称），由于没有任何史料，神代文字是什么模样，已无法考证。但根据日本第一部史籍《古事记》的文字来判断的话，可以想见，于 8 世纪初，日本学者便已完全掌握了汉字的字形与字义。

记纪神话

《古事记》于 712 年成书，与 720 年成书的《日本书纪》统称"记纪神话"，简称"记纪"。二者虽都是日本神话的代表作，但因撰写者不同，书中人名称呼各不相同。例如，神话中地位最高的太阳女神，《古事记》称为"天照大御神"（amaterasu），《日本书纪》中则称"日神"（hinokami）；而天照大御神的弟弟，也是出云众神祖先，在《古事记》中是"须佐之男"（susanoo），在《日本书纪》中则是"素戈呜"。而《古事记》中的"倭建命"（yamatotakerunomikoto，"命"是敬称），在《日本书纪》中竟变成"日本武尊"（"尊"是敬称），连性格也迥然不同。这些人名的汉字写法虽不一，念法却都相同。

> "素戈鸣"也就是"须佐之男",图为幕府末期画师大苏芳年笔下的这位神祇造型。

然而，无论是《古事记》或是《日本书纪》，正文都以汉字写成。《古事记》第一段第一行如下：

天地初发之时，于高天原成神名，天之御中主神。次高御产巢日神。次神产巢日神。此三柱神者，并独神成坐而，隐身也。

《日本书纪》第一段第一行则是：

古天地未剖，阴阳不分，浑沌如鸡子，溟涬而含牙，及其清阳者，薄靡而为天，重浊者，淹滞而为地。

原文均无标点符号。对日本人来说，读原文时，必须加上助词、补助记号与"音读"（古代中国南北朝时期吴音、隋唐时期汉音、宋朝时期唐音），才能念成日文。但即便加上补助记号，也必须再翻译成平假名"训读"（日语固有语音），现代日本人才看得懂。不过，对汉文圈读者来说，即便不用翻译成白话文，是不是也可以读出大致意义？

话虽如此，汉文圈读者也别高兴得太早，误以为可以读得懂日本古籍。接下来看看这一段：

夜久毛多都，伊豆毛夜弊贺岐，都麻碁微尔，夜弊贺岐都久流，曾能夜弊贺岐袁。

这是《古事记》中第一首歌谣。不要说是日本人了，恐怕连汉文圈读者也会读得如丈二和尚摸不着头脑吧。其实，在这儿的歌谣汉字用法，与前述的人名用法一样，都是取汉字的音调自行拼成日语。

上述歌谣翻译成正确汉字，应是：

八云立。出云八重垣。妻笼。作八重垣。八重垣。

翻译成现代中文，便是：

云朵不停涌起的出云国呀。重重云朵环绕而形成大垣墙。宛如我想让吾妻居住的宫殿垣墙。真是壮观的云朵垣墙呀。

参照正确汉字与原文中的汉字，便可以发现"夜久毛"其实是"八云"（yakumo），而"夜弊"其实是"八重"（yae）。这种汉字用法，就算自认为全球最具权威的汉学家，大概也会如坠五里雾中。

简单说来，这一时代的日本人，运用汉字时有两种用法。一是"以各种补助符号将汉文转为日语"，另一是"随心所欲地利用汉字拼成日语"。后者的典型例子正是成书于奈良时代末期、日本最古老的和歌选集《万叶集》。《万叶集》中的文字称为"万叶假名"，意思是以汉字代替假名文字。

举例来说，《万叶集》第949首和歌，原文如下：

梅柳，过良久惜，佐保乃内尔，游事乎，宫动动尔。

有人看得懂吗？我完全看不懂，只懂得"梅柳"二字。翻

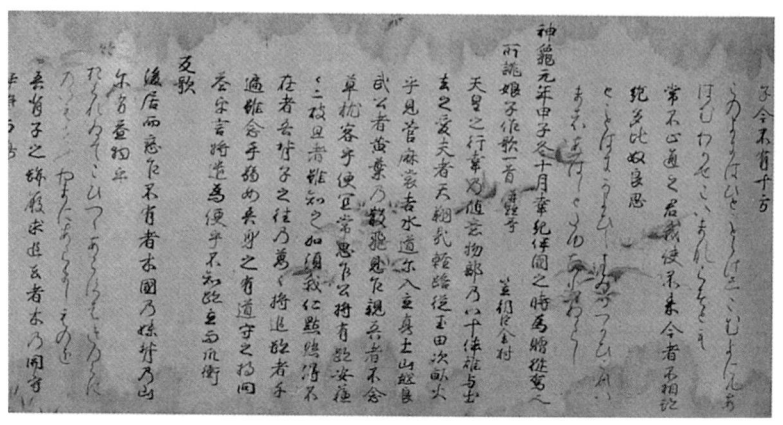

➢《万叶集》有各种版本,其中又以京都东山御文库所藏《桂万叶集》最为世所重。图为其局部。

译成中文,便是:

梅柳过时久,惆怅惜春归,游于佐保内,宫阙发天威。

(杨烈译)

有趣的是,和歌一旁有译注,也是用汉字写成:

右神龟四年正月,数王子及诸臣子等,集于春日野而作打球之乐。其日忽天阴雨雷电,此时宫中无侍从及侍卫,敕行刑罚,皆散禁于授刀寮,而妄不得出道路。于时悒愤即作斯歌,作者未详。

比较一下和歌与译注,可发现译注文章百分之百接近正确汉文,而和歌与歌谣是挂羊头卖狗肉的汉文。难怪于100多年之后，村上天皇必须设置专门解读《万叶集》的官署。

　　大和民族向来在积极吸收外来文化的同时，也会改造外来文化，使其脱胎换骨，成为自己的固有文化。汉字，正是一例。因为，目前的平假名与片假名，均是拆解汉字而来。

第二节　男文字，女文字

日本、朝鲜半岛、越南同处汉字文化圈，三国的古籍或古代公文，甚或近代公文，皆以汉字写成。但由于古代汉文经典的文言文极为难解，汉字笔画又多，对当时的日本人来说，非常难学，便间接造成除一小部分耐得住十载寒窗的书生，或有钱有势、能雇家庭教师让子女进修的贵族阶层，得以识字书写外，其余大部分民众均是汉文文盲的结果。此外，更衍生"精通汉文的文人"掌握政治的弊害。于是，"脱汉"风潮也就因此而起。

"脱汉"运动

朝鲜半岛的"脱汉"运动，由 15 世纪中叶朝鲜王朝第四代国王世宗带头倡导，制定了所谓《训民正音》的"谚文"（Hangul），不过，公文还是以汉文为主。19 世纪末，朝鲜半岛使用汉文、"国汉文混合体"两种文字。第二次世界大战后，朝鲜采用纯粹的横写韩文。后来，韩国也推行《谚文专属用途法》。如今，韩国的年轻人，连自己的名字都以韩文书写，形成只识"国字"不解汉字的现状。

越南则于 12 世纪左右便出现口语俗字"字喃"（Chu Nom），然而正统文字依旧非汉字莫属。17 世纪，欧洲传教士创造了越南罗马拼音；18 世纪才完成现在的越南罗马字。20 世纪初，"国字"普及运动兴盛，推展到 21 世纪初的现在，越南新生代也无法用汉字书写自己的名字了。

至于倭国，"脱汉"的成果是"假名"（kana），但与韩文、越南罗马字相异之处，是"假名"又分"平假名"（hiragana）、"片假名"（katakana）。为什么"假名"有两种？此外，"平假名"与"片假名"有何不同？

若要用一句话来说明，道理其实非常简单："平假名"是"女文字"，"片假名"是"男文字"，如此而已。那么，明明是"脱汉"而形成的"国字"，为何又分"女文字""男文字"？答案也很明白：当初二者的造字目的不同。

"平假名"与"片假名"

"平假名"是为了书写和歌、物语而诞生；"片假名"则为了解读汉文而出现。前者的主要书写者是女人，后者的使用中坚是男人。简而言之，便是"女文字""男文字"。

由于宫廷女人长年抄写《万叶集》，而"万叶假名"的汉字，都有固定字音，写着写着，无形中便简略了汉字，变成类似草书的字体，积年累月，就成为"平假名"。

而必须学习汉文的宫廷子弟或考上大学的精英，为了将汉文念成倭国固有语音，只好在汉文旁加上种种拆解汉字而成的助词与记号，这些助词与记号，正是"片假名"。例如，"百闻不如一见"，日语念法是"百聞は一見に如かず"（hyakumon wa ikken ni sikazu）。有趣的是，当时的精英"作弊"方式跟现代学生学外语时的"作弊"方式大同小异。现代学生有铅笔，可以在"Good morning"旁暗自写下"古的模宁"，事后再用橡皮擦毁灭证据。而古代倭国学生，虽然没有铅笔，却懂得用竹签在汉文旁加上补助记号，算是一种"隐形文字"，不仔细看的话，还真看不出"作弊"痕迹。

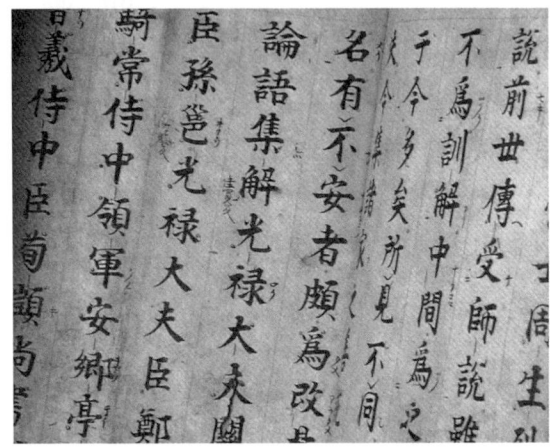

东京东洋文库所藏《论语集解》写本，汉字旁边的片假名，是用来帮助朗读的。

因此，9世纪中叶以后的倭国，有两种书写文字，一是汉文，另一则是"平假名"文。《竹取物语》《古今和歌集》《伊势物语》《土佐日记》《蜻蛉日记》《枕草子》《源氏物语》等，均是无标点符号亦无汉字的"平假名"文。而这个时期，也是男、女文字势不两立的时期。

女流文学由男人开头

《伊势物语》中，和歌非常多，可以说是用和歌编纂成的故事，全篇以"平假名"书写也是理所当然。然而，《土佐日记》却是和歌名人纪贯之假冒女人身份所写的游记。

为什么纪贯之必须假冒女人身份？因为这个时期，除了和歌，男人在记录或书写文章时，一律习惯用汉文。站在当时的男人角度来看，"平假名"是女人专用的玩意儿。就像某些脑筋

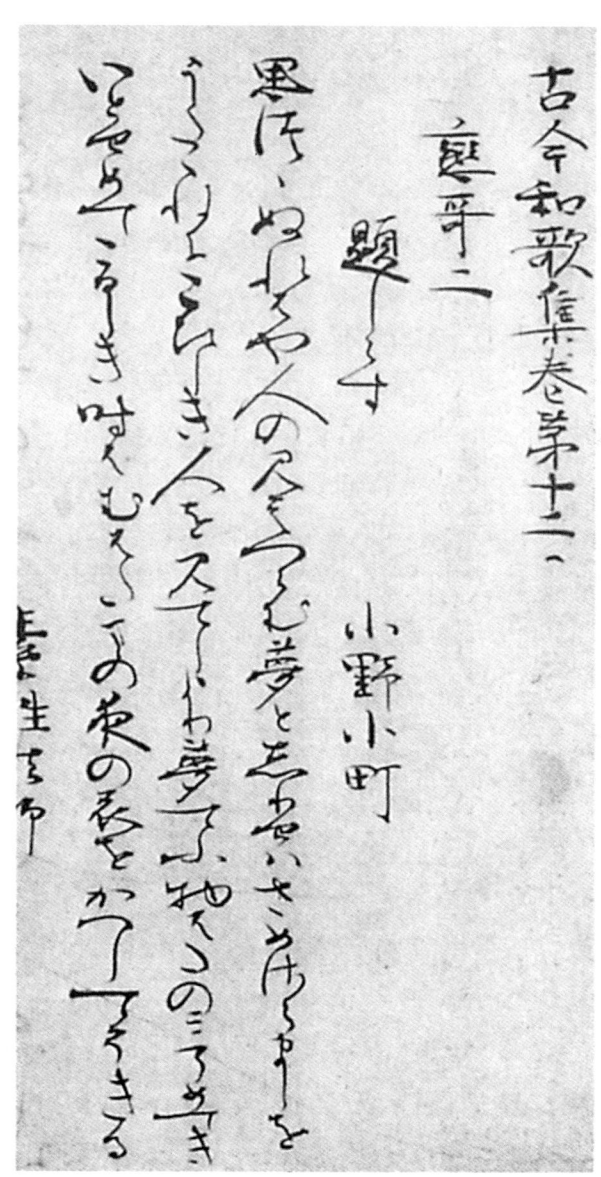

▷ 藤原家后代子孙藤原定家,以歌人名世,曾手抄各种文集,图为冷泉家所藏,其手抄的《古今和歌集》中小野小町所写的《恋哥二》。

打结的人，坚持古典音乐比流行歌曲高尚、世界名著比少女漫画尊贵一样。

可是，游记、日记、随笔等，是一种随意自由抒发日常生活、个人内心感情的散文体裁，用汉文来写，未免太碍手碍脚了。总不能写成孔老夫子的"饭疏食饮水，曲肱而枕之，乐亦在其中矣。不义而富且贵，于我如浮云"那类的文体，更无法学李白"白发三千丈，缘愁似个长。不知明镜里，何处得秋霜"的诗体。因此，纪贯之只好假冒女人身份用当时的口语（平假名）记录下旅途中的所见所闻。没想到，正因为纪贯之首开纪录写下了《土佐日记》，宫廷女人们才创下王朝女流文学。

既然如此，那么，男人所发明的"片假名"呢？难道"片假名"只能屈就于"隐形文字"的地位？当然不是。只是，"片假名"堂皇正大地出现在书中的时期，比"平假名"晚了200年左右。它首先出现于《今昔物语集》，再过百年后，才又在鸭长明的《方丈记》中露脸。

第三节　和汉混血文字

《今昔物语集》是日本说话文学的代表作，而让《今昔物语集》广为人知的作家，正是芥川龙之介。芥川所写的《罗生门》《鼻》《芋粥》等短篇小说，皆取材自《今昔物语集》。然则，若以另一种角度来看，《今昔物语集》也是"汉字＋片假名"的文体始祖。

一般来说，"说话文学"是将各地民间传说或历史故事，写成文字，让说书人当讲故事时的底本，也就是话本。民间传说源自老百姓，听故事的人也是老百姓，不过，将这些故事写成文字的人，就非知识分子不可了。而平安时代的所谓知识分子，正是男人。知识分子为了让老百姓能理解故事内容，便创造了"汉字＋片假名"的文体。

用平假名写成的物语，是纯属想象的虚构故事；但用汉文、片假名写成的话本，则是斩钉截铁的事实。这是平安时代人的文学价值观。事隔千年后的现代，当然已没人会认为《源氏物语》是完全虚构的故事，但在当时，全篇用平假名写成的《源氏物语》确实是"少女漫画"的一种，也是女人的梦幻物语，与文学挂不上钩。

文字在流转变迁

《今昔物语集》创作于 12 世纪前半的平安时代末期，百年后的镰仓时代初期，鸭长明写下了随笔《方丈记》。《方丈记》

▷《今昔物语》集印度、中国、日本传说故事于一书,江户画师歌川歌麿名画《山姥与金太郎》即出自该书。

的文体，也是"汉字＋片假名"。

鸭长明是下贺茂神社神官之子，因为无法实现继承神官职位的心愿，失意之余，便落发出家，过着隐居生活。身份是神官之子，亦是佛教徒的鸭长明，当然是汉文世界中的知识分子。但他也是位歌人，且这个时代，平假名文体已经普及了，就算他创出"平假名＋汉字"的文体，应该也不足为奇。可他依然因循《今昔物语集》的文体。这足以证明，镰仓时代初期的知识分子，除了创作和歌外，还是无法接受"女文字"的平假名文体。

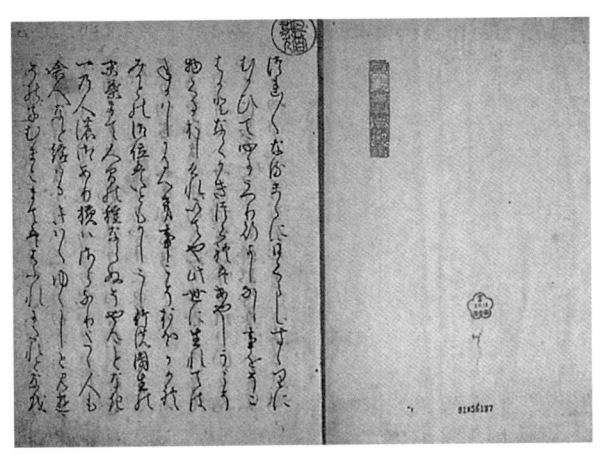

▷ 德川幕府初期庆长年间所刊行的木刻活字本《徒然草》，现藏于日本国会图书馆。

然后，又过了百年，时代是镰仓时代末期，兼好法师写下了随笔《徒然草》，文体是"汉字＋平假名"，正是现代日文的文体。虽说与《方丈记》于同一时期出现的《平家物语》，也是"汉字＋平假名"文体，只是，《平家物语》本来是琵琶法师（盲目僧侣艺人）用以维生的说唱艺术，写成文字的确切年代不详，在此就略过不提了。

我们先来整理一下历史年代：利用汉字拼成日语的《万叶集》，创作于奈良时代末期；百年后，故事内容简洁、平假名文体的《竹取物语》出世；一百五十年后，故事内容复杂、平假名文体的《源氏物语》诞生；再过百年后，出现了"汉字＋片假名"的《今昔物语》；又过了百年才出现的《方丈记》，也是"汉字＋片假名"文体；最后，再经过百年，现代日文的"汉字＋平假名"文体，才总算普及于知识分子之间。

扳指算算，日本古代人大约经历了500多年岁月，才确立了和汉字混血的"国字"。自那以后，将近700年来，就从未发生过任何文字革命了。

三大随笔

话又说回来，日本三大随笔是《枕草子》《方丈记》《徒然草》。《枕草子》是"女文字"平假名口语文体；《方丈记》是"汉字＋片假名"文言男文字；《徒然草》则是"汉字＋平假名"文体，也是现代日文的鼻祖。不过，《徒然草》并非一开始便用现代日文写成。

《徒然草》作者兼好法师，本名是卜部兼好，原为京都下级贵族子弟，中年过后，落发入沙门。由于他曾经住在吉田，所以又称吉田兼好。兼好法师写《徒然草》的时期，大致可以分为青年、中年、晚年三个时期。青年时期，他模仿《枕草子》的平假名口语文体；入沙门后所写的文章，似乎是《方丈记》文体；直至晚年，才统合为现代日文文体。由此可见，"汉字＋平假名"的现代日文，出现于13世纪的镰仓时代末期。

总之，如果能依照各种文体将此三大随笔翻译成中文，一定很有趣。尤其是《徒然草》，掺杂了女子口语、男子文言文和现代白话文。只是，要到哪儿去找具有此种功力的译者呢？

第四节　闲谈平安文学

《竹取物语》（9世纪中叶，作者不详）

《竹取物语》既是日本家喻户晓的古典文学，也是日本"物语文学"始祖。内容描述有个砍柴老翁，某日在竹林中发现一株发光的竹子，剖开一看，里面出现了一个女婴，老翁将女婴取名为"辉夜姬"。短短三个月，女婴便成长为月貌花容的女子，且为老翁带来财富。

▷ 日本宫内厅藏《竹取翁并辉夜姬绘卷》中，竹取翁与三寸辉夜姬造型。

之后，有五位贵公子来向辉夜姬求婚。辉夜姬分别出了五个难题，却没人能过关。连当时的天皇也听闻风声，向辉夜姬求爱，辉夜姬依然无动于衷。最后，月宫于仲秋十五夜派人来接辉夜姬，辉夜姬披上霓裳羽衣后，忘却在尘界的一切记忆，随天人回到月宫。

原来辉夜姬是月宫王女或高贵出身女子，不知在月宫犯了什么罪，月王罚她到污秽的地球接受一年惩罚。月宫的一年，在地球是二十年。辉夜姬所受到的惩罚，正是不得不与地球养父母生离时的痛苦。辉夜姬在最后关头，曾向月王恳求延长刑期，但月王不答应，硬生生地拆开了辉夜姬与养父母。

以现代眼光来看，《竹取物语》应该也是科幻小说始祖。不但出现 UFO，还有可以忘却一切记忆的霓裳羽衣，甚至连长生不老药都出现了。而最初辉夜姬出现在发光竹子内的情节，则是典型的超时空传送装置。一般《竹取物语》的童话书或现代译本，通常将这时的辉夜姬描写为女婴，其实原文是"三寸大的人"，换句话说，月王将辉夜姬缩小为三寸大，再让她于三个月之间逐渐膨胀为原形。这三个月的时间，主要是让手无缚鸡之力的辉夜姬，在经过养父母悉心照顾之下，对养父母滋生亲情，如此才能达到生离时的惩罚效果。

辉夜姬临走之前，留下些许长生不老药给皇上，不料皇上竟认为"佳人不复返，徒留吾等断肠人，怆然而涕下，长生不老焉何用？欲罢欲忘还叹气"，最后将长生不老药拿到富士山焚烧掉了。

的确，当你失去挚爱时，万贯家财有何用？长生不老又有何用？

《伊势物语》（10 世纪初，作者不详）

《平中物语》（10 世纪中叶，作者不详）

这两部作品都是和歌物语，故事构成都是先有一首和歌，后面再描述写这首和歌的始末，基本上采用短篇故事形式。虽然不知道作者是谁，但两部作品的主角都是真实人物。

《伊势物语》的主角是在原业平（825—880），其父亲是平城天皇皇子阿保亲王，母亲是桓武天皇皇女伊都内亲王，身份算是贵族中之贵族。但由于父亲受"药子之变"连累，左迁太宰府，致使业平在政界中终身不得志。

另一部《平中物语》的主角则是平定文（生年不详—923），又名平贞文，是桓武天皇的第四代孙子，与业平一样，在政界不得志，却都擅长和歌。这两位贵公子正是平安花花公子代表。

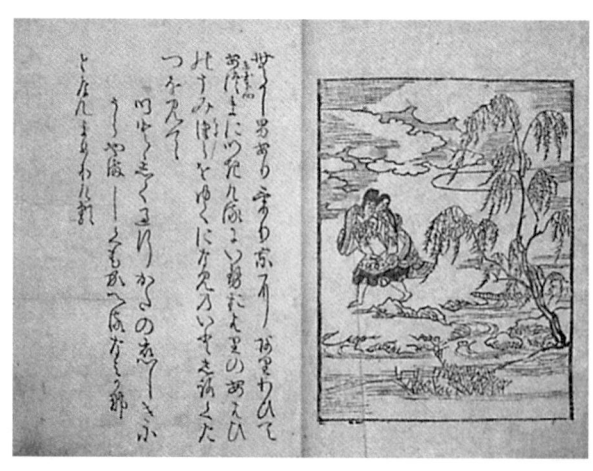

▷ 德川幕府初期庆长年间所刊行的木刻活字本《伊势物语》，现藏日本国会图书馆。

《伊势物语》总计 125 段，内容是自业平戴冠后直至过世之前的传记，书中收录 209 首和歌，但实际只有 30 余首是业平所作，其他作者皆不详。《平中物语》总计 39 段，收录了 153 首和歌，且目前已确认几乎全部出自平定文之手，应该比较接近实录故事。

两位虽同为平安花花公子代表，个性却判若云泥。前者所代表的男子大多热情奔放，后者所代表的男子缩头缩尾。

《伊势物语》第二十四段《三年》，描写有位本来住在偏僻乡村的男子，因进京做官，依依不舍地离开妻子。由于三年间杳无音讯，妻子打算接受另一位男子的求婚，而就在婚礼之夜，负心丈夫竟突然回来了。妻子隔着门户告诉丈夫，她已决定再婚，今晚正是洞房花烛夜。丈夫听毕，祝福了妻子的新生活，打算离开。妻子紧接着又吟了一首"自始至终我其实只爱你"的和歌，不料，丈夫依然头也不回地走了。妻子追了出去，却怎么也追不上丈夫，最后在途中倒地而亡。

同样是离别主题，《平中物语》第三十五段的男子，就显得很窝囊。内容描写主角因受人中伤，心情很郁卒，便向恋人说要暂别尘嚣，单身出门远行。来到某渔村，观看渔民撒网捕鱼，春风旖旎，海面如镜，主角在此度过悠闲的一天，却也莫明地想起家来。翌日，主角送了一首和歌给恋人，述说自己昨晚的心情。恋人也回了一首和歌，说道：既然想家就回来，难道你在那边已找到另一个家？主角看毕回信，马上头也不回地离开渔村了。

到底该说前者有男子气概，后者不中用，还是该说前者太无情，后者才是贴心人？答案恐怕是人持各见吧。

▷ 胜川春章《锦百人一首》所见,《伊势物语》男主角的在原业平。

《伊势物语》中最有名的段落是第三至第六段的"二条之后诱拐事件"。二条之后是藤原高子(842—910),第五十四代天皇仁明天皇的名臣权中纳言长良之女,25 岁时嫁给比她年轻 9 岁的皇太子惟仁亲王(第五十六代天皇清和天皇),两年后产下第一皇子贞明亲王(第五十七代天皇阳成天皇)。儿子退位后,她隐居二条院,通称二条之后。

故事描述二条之后还未入宫前,业平于某天夜晚将她诱拐出来。业平背着二条之后摸黑赶路,在渡过芥川时,二条之后看到草丛上的夜露,问业平:"那些闪闪发光的东西是什么呀?宝石吗?"但业平当时没余裕回答,凑巧雷声大作,为了避雨,两人躲进一间茅舍。业平手持弓箭,彻夜守在门口。不料,天将亮时,茅舍内传来二条之后的惨叫声,原来妖鬼吃掉二条之后了。于是业平朗诵了一首和歌:

玉人不识世间物，探问其为珍珠否？若答曰是乃夜露，芳魂可冀无恙矣？

意思是说，当佳人问起那闪闪发光的东西是什么时，自己应该当场回说"那是夜露"。早知道有如此下场，应该在佳人生前便让她知道答案。而事实上，业平背着二条之后想远走高飞时，便被她哥哥发现了，她哥哥当场便抢回二条之后了。只是，业平没说出事实，反倒拿夜露当引证，创作和歌，将结局改为妖鬼吃掉二条之后，使这段恋情成为凄美悲恋。这段故事也收录于《今昔物语集》第二十七卷第七话中。

从上述和歌与故事内容看来，后人也可以想见业平当是热情文雅的花花公子。相较之下，平定文在《今昔物语集》《宇治拾遗物语》中，均是个到处碰壁的滑稽公子，有时候因粗心大意，导致佳人落发为尼；有时候因得不到佳人青睐，竟趁机抢来佳人便壶，偷窥壶中物。到底哪位才是真正的平安花花公子，答案恐怕也是香油拌藻菜，各人各心爱了。

《古今和歌集》（10 世纪初，纪贯之等人编撰）

《古今和歌集》是日本最初的敕撰和歌集，905 年，当时 21 岁的醍醐天皇打破持续将近百年的"汉学兴盛，国风黑暗"时代，选拔了纪贯之、纪友则、凡河内躬恒、壬生忠岑四人负责编撰。代表者纪友则在歌集完成之前过世，后由纪贯之接棒。此四人的政治地位均非常低微，却都是当时闻名遐迩的歌人。《古今和歌集》收录和歌数总计 1111 首，由春、夏、秋、冬、贺、离别、羁旅、物名、恋、哀伤、杂歌、杂体等构成：

春霞瑷礁山上樱，时变色改为告终。（作者不详）
（春霞密布的山上，樱花似乎即将凋谢，颜色都变了。）

绵绵春雨樱花褪，容颜不再忧思中。（小野小町）
（绝世美女小野小町看到春雨中纷纷飘落的樱花，感叹自己的容貌也在不知不觉中衰老了。）

橘花余韵遍五月，眷恋昔人袍袖香。（作者不详）
（昔人，指的是往昔的恋人。这首和歌因《伊势物语》而成为名歌之一。《伊势物语》第六十段《花橘》中，描述有位在宫中做官的丈夫，因工作太忙，无法时时去看妻子，结果妻子竟抛弃丈夫，跟随另一位求爱的男人到乡下当地方官夫人。日后，该男子到九州岛出差时，恰巧负责接待的地方官是往昔妻子的现任丈夫，他便命地方官妻子敬酒。当昔日妻子来到身边时，他拿起下酒菜之一的橘子，朗诵了这首和歌。妻子听到前任丈夫竟然还眷恋自己，对自己过去的行为羞耻万分，最后出家了。）

耳成山之花，期盼摘得栀子花，解我心中事，染出黄底添红蓝，得我意中颜与色。（作者不详）
[意思是：我想得到耳成山的栀子花，用栀子花染成布后，便会无耳无口，别人既听不到我内心的恋情，也无法流传我内心的恋情。奈良县橿原市的耳成山盛产栀子花，又名栀子山，

"耳成"（みみなし）、"梔子"（くちなざ）的日语发音同"无耳""无口"，作者借用"耳成"与"梔子"，寄托自己内心的恋情。]

　　吾君，千秋万代，直至，碎石成磐石，磐石生藓苔。（作者不详）

　　（这是《贺之卷》第一首和歌，也是日本国歌歌词。）

《土佐日记》(935 年左右，纪贯之)

　　纪贯之本为名门子弟，却因藤原氏在朝廷得势，家道逐渐衰微，到他出生时，父亲已完全成为没落贵族。不过，纪贯之年轻时就在和歌方面崭露头角，30 多岁便被破格提升为《古今和歌集》编撰者之一。60 岁时纪贯之才奉命任职土佐守（相当

▶ 狩野探幽笔下的纪贯之，若有所思，似在沉吟歌句的造型。

于现代的高知县县长）。他带着全家人赴任，其中包括年方 4 岁的小女儿。平安时代的国守，贪污私吞、招权纳贿是家常便饭。纪贯之在任四年中，或许多少也收了贿赂，但基本上他算是相当清廉的地方官。

四年后，纪贯之将回京城时，小女儿竟在出发前病殁了。他怀着丧女之痛踏上归途。土佐到京城，海路所花日程通常是两周，但由于天气不好，纪贯之花了 55 天才回到京城。《土佐日记》正是这 55 天海路旅程的见闻日记。当时男性一般都以汉文写日记，纪贯之却故意假借女性身份以平假文写下这部游记。因而在作品中，纪贯之是以"某人"或"船君"出现。又因为当时女性没有写日记的习惯，所以纪贯之也是"平假文日记"文学的首创者。

当时的旅游跟现代迥然不同，何况纪贯之是带着全家老小，

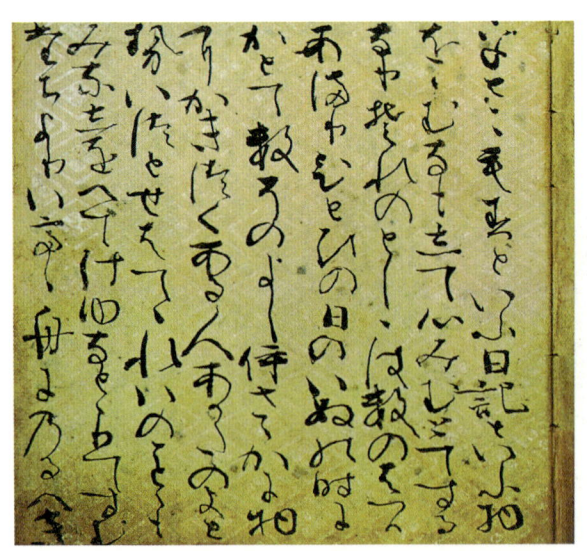

▷ 冷泉家藏，藤原定家写本《土佐日记》。

包括随从仆役下女之类的,所以他俨然是个"船团团长"。给船员的工钱是白米,光是工钱,现代人应该也可以想象得出,团长在出发之前有多辛劳。大概因身份是"团长",旅途中必须以众人的安全为重,日记中所记载的都是日常生活的琐事。但毕竟是歌人,日记中随处可见和歌,而且通篇流露出其思念小女儿的真情。

《落洼物语》(10世纪末,作者不详)

简单说来,《落洼物语》是"日本版《灰姑娘》",只是比《格林童话》中的《灰姑娘》早了将近千年而已。故事内容大致如下:

话说,中纳言忠赖同正夫人之间,膝下有三男四女,另外,其与某皇女之间,亦有一绮年玉貌的女儿。由于皇女过世,中纳言将那女儿接回自家。正夫人让那女儿住在破旧低洼的房间,并让众女侍呼她为"落洼姬",对她呼来喝去。因"落洼姬"很会做针线活,正夫人便将原本请人缝纫的所有衣物,都交给她做。又因为她擅长弹琴,更命她教授年幼的三少爷弹琴。这三少爷是家中唯一拥护"落洼姬"的同盟。

"落洼姬"身边本来有个名叫阿漕的女侍,但正夫人连这女侍也给抢走了,命阿漕去服侍刚结婚的三小姐。三小姐的夫君藏人少将身边有个随从,阿漕和这随从陷入恋爱关系,而随从的母亲是另一少将的乳母,因为这层关系,"落洼姬"的风闻便传入另一少将的耳里。此少将正是《落洼物语》中的白马王子。

少将名为道赖,听闻"落洼姬"的身世后,送和歌恋文给这位可怜的日本灰姑娘。日本灰姑娘起初不理会,后来道赖趁其家中无人时，强硬同灰姑娘结为夫妻。接下来便是格林版《灰姑娘》中所没有的复仇剧了，当然结局是皆大欢喜。

《蜻蛉日记》（10 世纪末，藤原道纲之母）

作者应该有本名，只是她没有入宫当女官的经历，也就没有类似"清少纳言"或"紫式部"的那种通称，后人只得借用她儿子的名字来称呼她。

作者的父亲是地方官。虽非名门出身，却因作者是个美人胚子，而深受藤原家嫡系贵公子兼家宠爱。除了上天赐予的美貌外，作者还兼具和歌文才，加上备受贵公子娇宠，理应是个幸福的女人。然而，《蜻蛉日记》却是"天底下再也没人比我更不幸"的日记。这点非常有趣。

19 岁的作者成为贵公子的第二夫人时，兼家 26 岁，第一夫人名为时姬。这在当时的贵族世界中是家常便饭，并不会因"第一"或"第二"的名分而有损妻子的身价。身为长子的兼家，因无法继承父亲财产，需要找后台老板支持，以便在政界闯荡。这后台老板正是时姬的父亲，其婚姻算是政治联姻。时姬长得不美，且缺乏教养，作者便集兼家所有宠爱于一身。可是，婚后第二年，作者产下一子后，丈夫就有了新情妇。文章开头正是描述这位新情妇的存在。

《蜻蛉日记》是作者 19 岁至 39 岁的记录，写的都是身边琐事，且以兼家与儿子为主，对政治话题或社会动向漠不关心。以我个人观点来看，这部作品的价值，应该在"赤裸裸的告白"上。作者将女人的嫉妒、色衰爱弛的无奈、基于上天赐予的美貌与文才所滋生的自傲、身为人母的忧虑等毫不掩饰地全部描

▶ 藤原道纲之母诗文并佳,却未能留下其名。图为其在《锦百人一首》中的造型。

写出来。《蜻蛉日记》算是当时独一无二的自传体作品,而作者还需要具有不怕被人讪笑的气魄。

《枕草子》(966年—1008年,清少纳言)

清少纳言大致生于966年,父亲清原元辅是著名歌人,也是《后撰集》编撰者之一。十六七岁时,清少纳言与橘则光结婚,生下一子之后,就离婚了。993年开始,清少纳言入宫成为一条天皇皇后定子的家庭教师之一。皇后过世后,她才又同年龄差距如同父女的藤原栋世再婚,晚年似乎过着僻静的隐居生活。

《枕草子》是随笔集,总计300余篇,长短不一。至于书名的由来,清少纳言自己在后记中有说明。据说,定子的哥哥伊周于某天送了上等纸给皇上与定子。皇上命人书写《史记》,而定子则同清少纳言商讨这些纸的用途。清少纳言俏皮地说:"既然皇上是'史记',我们就来个'枕头'吧。"

为什么"史记"与"枕头"有关?这有众多说法,但普遍说法是"史记"发音是"siki",与鞋底的"底"同音,所以清少纳言才机灵地说出"枕头"。皇后听毕,极为赞赏作者的幽默感,便将所有纸都赏给了清少纳言。

皇后定子的父亲是关白藤原道隆,995年过世后,本来预定让弟弟右大臣道兼继任,没想到道兼于就任后一周便骤亡,政权移转到道兼弟弟道长手中。道隆、道兼、道长均是藤原兼家的儿子,而藤原兼家正是《蜻蛉日记》作者的丈夫。道长上任后,因女儿彰子还年幼,无法送进宫当皇上的姬妾,于是便以种种阴谋加害于皇后一家人。凑巧清少纳言的姐姐是《蜻蛉

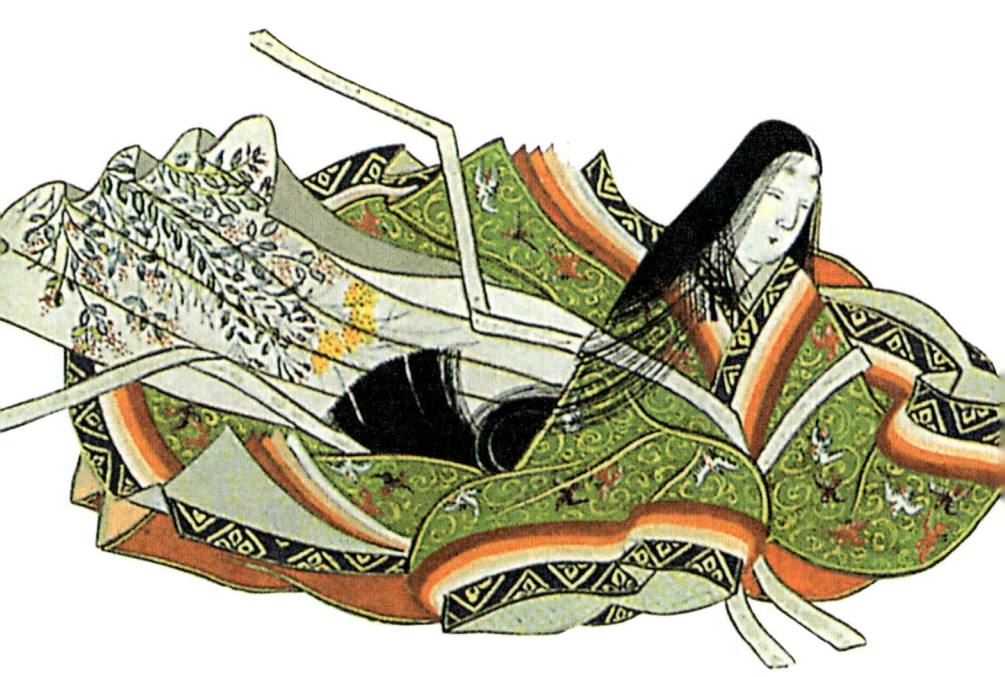

➢《女房三十六歌仙》中的清少纳言。(斋宫历史博物馆藏)

日记》作者的嫂子,与藤原家算是远亲,基于这层关系,加上其他女官的妒羡,宫内谣传清少纳言与道长有染,她只得暂且辞职回到娘家。就是在这段时期,清少纳言利用定子赏赐的纸,写下了《枕草子》初稿。

其后,定子再三要求作者回宫继续辅助自己,清少纳言才再度回宫,并继续书写《枕草子》。1000年冬天,定子生下第三子后,撒手尘寰。清少纳言二度辞职,回家写下有关定子的回忆。

读过《蜻蛉日记》与《枕草子》的人,应该不难发现,同样是站在女人的角度写身边琐事,前者是"一连串的不幸",后者则是"一连串的幸福"。以旁观者的视角来分析的话,藤原道纲之母的处境比清少纳言幸福多了,却身在福中不知福。而清少纳言则非常乐观,宛如向日葵,只朝阳光的方向抬头,散播灿烂的笑容。

《源氏物语》(11世纪初,紫式部)

紫式部原为"藤式部",因《源氏物语》成名后,世人才以"紫之上"的"紫"取代"藤"。紫式部的父亲是学者藤原为时,母亲早逝。996年,紫式部陪同父亲到越前国(福井县)赴任,后来与父亲的同事藤原宣孝结婚,生下一女贤子(正是日后的大贰三位,后冷泉天皇的乳母,比她母亲更出人头地)。1001年丈夫过世,紫式部似乎在这段时间开始动笔写《源氏物语》。

由于《源氏物语》广受好评,紫式部1005年入宫侍候藤原道长的女儿彰子。彰子此时已成为一条天皇的皇后。紫式部最初不习惯宫中生活,个性与清少纳言完全两样,孤僻、疏离。

▷《紫式部画像》,土佐光起笔,石山寺藏。

《源氏物语》在当时是妇孺读物，算是言情小说，宫中男子即便暗地读得津津有味，也都佯装不知。毕竟内容是女人视野中的男人世界，只描写出女人世界中的男人。"源氏"与"平氏"均是皇族降级为臣籍时所冠的姓氏，但"源氏"只限第一代皇子，"平氏"则是皇孙以下，依血缘关系来看，"源氏"的身份门第比"平氏"高。

紫式部让光源氏在小说中连续三代都掌握政权，但实际上当时是藤原道长的天下，真正的源氏一族顶多只能成为傀儡大臣，为何道长允许紫式部在小说中如此描述？有学者认为，这是藤原道长想借小说内容安抚源氏一族；也有学者主张，因为道长想确立"娶妻婚姻制度"，也就是说，让具有妻子身份的女人住进丈夫家，才唆使紫式部在小说中让源氏建筑大宅邸，迎进不少妻妾。不过，这都是后人的推测，真相如何就不得而知了。

《和泉式部日记》（11 世纪初，和泉式部）

和泉式部生于 977 年左右，20 岁时，同长她 17 岁的橘道贞结婚，生下独生女小式部。其后，夫妻反目，和泉式部又和冷泉天皇第三皇子为尊亲王相恋，成为世间瞩目的焦点。可是，为尊却于 1002 年过世，享年 26 岁。

翌年四月，为尊的弟弟敦道亲王向和泉式部求爱，岁末迎她进宫，为此，第一夫人气愤得跑回娘家。然而，敦道亲王也于 1007 年病殁。因藤原道长看中式部的和歌才能，式部便成为藤原道长女儿彰子（一条天皇皇后）的家庭教师之一。

不久，式部又同道长的部下藤原保昌结婚，直至 1036 年保昌过世，夫妻间似乎和睦偕老。但在这之前的 1025 年，式部遭

▷ 尾形光琳《歌仙绘》所见之和泉式部。

受了丧女之痛。

《和泉式部日记》始于式部收到敦道亲王情书的1003年4月,至第一夫人离开宫廷,为期仅10个月。作者在作品中,以第三人称,试图写成"物语"形式,只是,恋爱中的女人往往无法保持冷静,文中时常出现"自己",后人便将之归为日记。

和泉式部最有名的和歌是:

ものおもへば　沢の螢も　わが身より　あくがれいづるたまかぞ見る

(朝思暮想,荧光似吾身。魂牵梦萦,点点均吾玉。)

这首和歌中的"玉",有灵魂之意。

这是式部到贵船神社参拜,看到贵船川漫天萤火虫时所作的和歌。她觉得萤火虫那虚幻的亮光,像是自己体内飞出去的灵魂。贵船神社中宫有这首和歌歌碑。

从未经历过缠绵旖旎恋情的紫式部在日记中说:"和泉式部这人,私生活虽令人不敢恭维,但稍有一点和歌才能。不过,她对别人的和歌评论,完全不正确。虽是那种不需努力便能作出和歌的人,但也不是什么杰出歌人。"

这不知是出于嫉妒,还是酸葡萄心理?

《荣花物语》(11世纪初,正篇30卷,赤染卫门;续篇10卷,周防内侍)

《荣花物语》是日本历史小说鼻祖,且是女人写给女人看的历史小说,总计40卷。描述宇多天皇至堀河天皇15代200年间的贵族社会,而正篇 30 卷的主角则是藤原道长。撰写方式与《源氏物语》类似,内容以贵族生活、风俗、宫廷仪式活动为主。

《更级日记》(1060 年左右,菅原孝标之女)

作者是菅原孝标的女儿,推断其生于 1008 年左右。孝标是菅原道真的玄孙。其姨母是《蜻蛉日记》作者。

《更级日记》是作者于晚年所写的自传,内容为其 10 岁至 51 岁约 40 年间的回忆。10 岁那年,作者随父亲到上总国(千叶县中部)赴任,在僻壤穷乡听继母讲了《源氏物语》的片段内容,遂对《源氏物语》深感兴趣。13 岁回京城后,因其继母与父亲离婚,乳母也过世,作者生母为了让女儿振作起来,便千方百计弄来一套《源氏物语》给女儿。

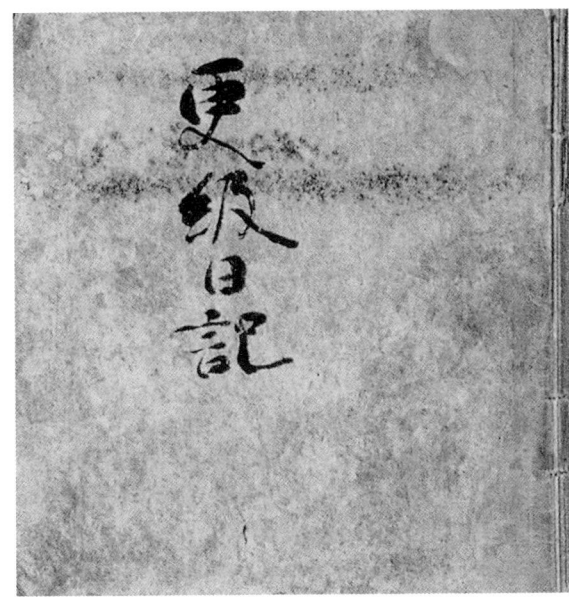

▷ 冷泉家藏,藤原定家写本《更级日记》封面。

17岁那年的夏季，已婚姐姐过世。25岁时的秋季，父亲只身前往常陆国（茨城县）赴任。四年后，父亲回京城，就此退休，而生母也出家了，将近30还未婚的作者便担负起照料年老父亲身边琐事的责任。32岁时的冬季，经人介绍，作者成为皇族佑子内亲王的女官。第二年，作者同父亲强力推荐的橘俊通结婚。然而，橘俊通是个丑男，令作者感叹："这世上没有光源氏那种男人，也没有熏大将在宇治金屋藏娇那种恋情，我真傻。"

婚后第二年，丈夫只身到下野国（栃木县）赴任，作者再度回内亲王身边当女官，此时与贵公子源资通邂逅，对贵公子产生轻微恋情，但以失恋收场。丈夫回来后，作者生下三个孩子，过着平淡无奇却安定的主妇生活。作者51岁时，丈夫过世。

说起来，作者的一生非常平凡，既不像《蜻蛉日记》作者般以美貌得到掌权者的爱情，也不像清少纳言般机灵，能在华丽后宫发挥自己的才能。少女时代受《源氏物语》影响，满脑子梦想着终有一天白马王子会来迎接自己，可现实里，丈夫是个丑陋的下级官吏，唯一的恋情也难偿所愿。所幸，作者很自足，且婚后逐渐理解男人真正的价值不在于容貌与经济能力，也不在于门第与地位，而在于是否勤奋工作与体贴妻子。《更级日记》可说是千年前的平凡主妇所写的平凡幸福作品。

《堤中纳言物语》（11世纪中叶，作者不详）

《堤中纳言物语》是短篇小说集，总计十篇及一篇未完成的小说，编者与作者均不详。其中，《不越逢坂权中纳言》一篇，已查出是1055年六条斋院所举行的"物语合"竞选作品之一，

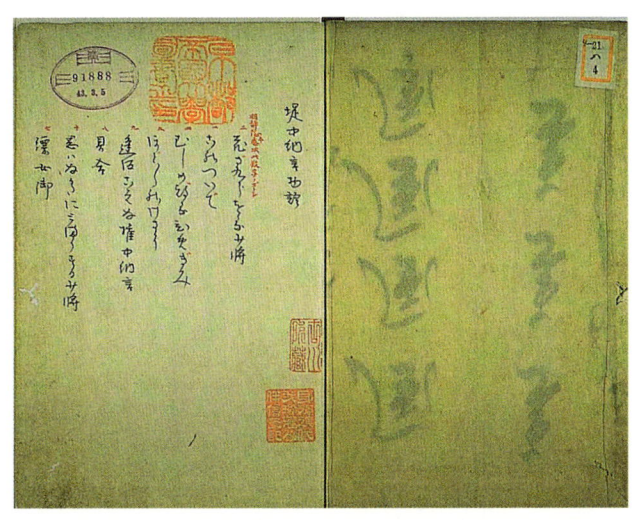

▷ 近卫文库本《堤中纳言物语》目录页。

作者为小式部（不是和泉式部的女儿，应该是同名的女官）。"物语合"相当于现代的小说奖，由女官各自发表小说，竞赛优劣。至于作品集书名的"堤中纳言"到底是谁，这也无从得知。日本历史上通称"堤中纳言"的人，只有一位，正是紫式部的祖父藤原兼辅（877—933），但年代不合，日本相关学者认为不可能是他。

十篇短篇小说内容大致如下：

《折樱花少将》

话说有位少将，某天清晨离开恋人家，归途中，偶然窥见某位佳人，一见钟情。凑巧少将父亲的随从与佳人身边的女侍是恋人关系，少将从随从口中，得知佳人是故源中纳言的女儿，其任职大将的伯父打算收她为养女，让她入宫当皇上的姬妾。于是，少将笼络了佳人身边女侍，想偷偷将佳人抢来，不料阴差阳错,抢到手的竟是佳人的尼姑祖母。"折樱花"是当时的惯用语,表示"把美女弄到手"。

《趁此机会》

这是由三个小故事组成的短篇小说,主角是中将,由他讲述自己的经历或自别处听来的故事。

《虫姬》

这篇是《堤中纳言物语》中最有名的一篇,也是宫崎骏导演的《风之谷》原型。主角是位天生丽质的千金小姐,却非常喜爱毛毛虫,且不拔眉毛也不染牙齿,甚至不穿华丽衣服,能言善辩,连身为高官的父亲都说不过她。作者当初的意图是想描述一位滑稽可笑、不合时代风潮的女子,不料,作者所创作的人物,竟超越时代,成为千年后日本女性的理想典范。

《恰如其分的恋爱》

这是三组恋人的故事,描述找恋人时,身份地位要相称,小说意旨的是"门当户对"。

《不越逢坂权中纳言》

"逢坂"是暗喻"男女最后一关"。主角权中纳言是位长相、教养都无可挑剔的贵公子,也是世间女子的憧憬对象。然而,他有个弱点,便是不敢追求女子。某天夜晚,他鼓起毕生勇气闯入某千金小姐的房间,却怎么也无法做出最后举动,任凭良宵白白消逝。

《贝合》

"贝合"是装饰贝壳的沙洲盆景竞赛游戏。话说某位贵族有两个女儿，一个是第一夫人的女儿，一个是与前者同父异母的女儿。这两个女儿打算竞赛沙洲盆景。有位少将凑巧看到她们准备沙洲盆景的过程，对后者萌生同情，悄悄送了一套非常壮观的盆景给她。

《阴错阳差的少将》

故大纳言有两个女儿，姐姐嫁给右大将的少将儿子，妹妹嫁给右大臣的儿子权少将。某天，权少将到伯父右大将家探病，从右大将家派牛车去接妹妹，女侍看到牛车是右大将家的，竟将姐姐送过去。而少将也派牛车来接姐姐，这辆牛车坐的是妹妹。当天夜晚，他们就那样将错就错地过了一夜。而结果到底如何，原文没写出来，留下悬念让读者猜测。

《花团锦簇女御》

某天傍晚，一位好色之徒在庭院树木后偷窥某府邸内部。里面有 20 余名女官正在议论纷纷，原来她们把自己所服侍的后妃，比喻成各式各样的花。这篇小说对现代人来说，可能无法产生共鸣，但对当时的人来说，由于每位后妃都是真实人物，这篇或许会读得津津有味，很有"八卦"的味道。

《灰墨》

有个男人打算抛弃失去经济后台的美丽妻子，与另一位有钱小姐结婚。妻子觉察到丈夫的心意后，主动与其脱离夫妻关系,退隐往昔女侍之一的住处,并送了一首和歌给丈夫。丈夫看了和歌,回心转意,前去迎接妻子回来。事后,丈夫又到有钱小姐宅邸,准备告诉对方无法结婚的理由。小姐为了迎客,错把灰墨当白粉抹在脸上,以乌黑的一张脸与男人会面。男人见状,再度想起妻子的美貌。

《废话》

有位僧侣,与某位千金小姐是恋人关系。年底,僧侣必须闭居寺院进行斋戒,那位千金小姐送了一大堆随身物品给僧侣。另一位小姐的僧侣恋人听闻此事,写了一封讽刺信给她,提出种种要求。信中内容非常有趣:"如果无法给我霓裳羽衣,破旧衣服也无妨。如果无法给我屏风、走廊、寝殿,破旧草席也无妨……"最后请该小姐回信给上天。这篇小说的有趣之处,正是僧侣所提出的种种要求,文章极为幽默。

《大镜》(11世纪末,作者不详)

若说《源氏物语》是平安女性文学的杰作,《大镜》则为平安男性文学的巅峰。《源氏物语》主要描写朝廷后宫的爱憎仇恨,视角是女性,主角也是女性。《大镜》就完全是男人世界,描述朝廷最高层政治家如何以种种策略登上政权宝座。在现代看来,《大镜》仍可视为政界、财界、学界的男人竞争世界的经典示范。

《今昔物语集》(12世纪初,作者不详)

《今昔物语集》是总计31卷(其中欠缺3卷)的说话集,

收录 1040 则故事。此说话集是未完成作品，文中有不少空白（主要是固有名词或汉字无法表达的和语），作者似乎想于日后再填补，终未能完成。第一卷至第五卷的内容是印度故事，第六卷至第十卷是中国故事，第十一卷至第三十一卷是日本故事。人物五花八门，有僧侣、贵族、武士、农民、游女等，甚至连鸟兽、鬼神、妖怪都写了进去。也就是说，所有平安王朝文学没写进去的物事，全部收录在《今昔物语集》中。

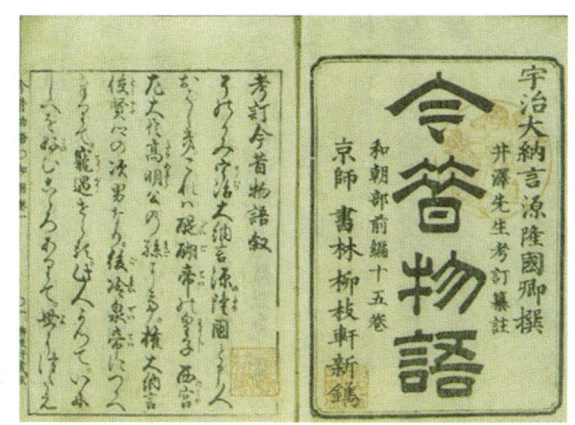

▶ 江户后期木刻活字刊本《今昔物语》。

此作品直至 16 世纪中叶的室町时代才得以重见天日，江户时代首次出版成书上市，一夕之间成为名作。芥川龙之介的作品，几乎都取材自《今昔物语集》，若无《今昔物语集》，恐怕也就没有芥川了。梦枕貘的《阴阳师》系列，大部分也取材自此书。

第五章

选说《源氏物语》

第一节　桐壶

　　壶，中庭也。桐壶，是中庭有桐树的宫院；藤壶，则为中庭有藤树的宫院。正式名称分别为"淑景舍""飞香舍"，因是天皇妃嫔的住居，也就成为妃嫔的称呼。宫院与天皇起居的清凉殿之间的距离，代表妃嫔地位的高低。光源氏的生母桐壶更衣，在众多妃嫔之中，地位最低，因而住居离清凉殿也就最远。

　　平安时代是律令官制，当时的执政机关被称为"太政官"，长官是太政大臣、左大臣、右大臣、内大臣，底下是大纳言、中纳言、参议（宰相），以上统称为"公卿"，属于当时的特权阶级。而天皇的妃嫔正是从这些公卿的女儿中选出来的，皇族或大臣阶级之女为"女御"（nyougo），大臣以下的公卿女儿为"更衣"（koui），皇后是"中宫"（chuuguu），从"女御"中选出。

嫉妒与憎恨的坩埚

　　桐壶更衣的父亲是大纳言，母亲与皇族有血缘关系。她父亲毕生的遗憾是无法升任大臣，于是临终前叮嘱妻子，日后务必将女儿送进宫内。桐壶更衣入宫后，集皇上宠爱于一身，不料，皇上越是宠爱她，她越是陷于苦海。这时代的妃嫔，肩上都扛着光耀门楣的重任，再说，一旦入宫，终身都得在垂帘内度过，重任加上无聊，后宫便成为嫉妒与憎恨的坩埚。

　　皇上每次召唤桐壶更衣时，桐壶更衣与随从女官必须拖着长长的衣裙下摆，沙沙地经过众多妃嫔宫室，前往清凉殿。而这些妃嫔，每晚在昏暗的垂帘内，屏气敛息地倾耳静听今晚到底是谁"中奖"。老是桐壶更衣"中奖"的话，别说是妃嫔了，恐怕连妃嫔身边的女官也会怒火中烧，有时偷偷在走廊或渡桥上抛些污物，甚或同其他妃嫔串通，趁桐壶更衣通过走廊前往清凉殿时，锁闭走廊两头的出入口，令她进退两难。

日本历史上，和平时期最长的是江户时代，其次则是平安时代。因而武力、实力在这时代都无足轻重，第一要紧是身份阶级与习俗，明争暗斗、尔虞我诈也就横行宫廷，恋爱与政治更是表里一体。每位妃嫔的幕后都有虎视眈眈的外戚，期盼自己的女儿能早日生下皇子。这时代的摄关政治，实权在"摄政""关白"手中，天皇其实一点权力也没有。而能登上"摄政""关白"宝座的人，正是皇太子的外祖父。皇太子年幼时，外祖父（通常是大臣地位的人）便会逼迫天皇退位，让皇太子即位，然后自己成为"摄政"，等外孙长大成人后，再退一步成为"关白"。换句话说，即便身为天皇，也不能随心所欲地标榜"生命诚可贵，爱情价更高"的口号，要爱，也得"平均分配"，不管那些妃嫔合不合他的口味。

于是，也就演变出"天皇爱得越深，越会令对方走上绝路"的悲剧。

小皇子光源氏

《源氏物语》中宠爱桐壶更衣的天皇，是桐壶帝，而实际历史人物是第六十代天皇醍醐天皇。醍醐天皇那时，有女御5人，更衣19人。

在桐壶更衣入宫前，桐壶帝已有一位为他生下皇子的女御，是右大臣的女儿，名为弘徽殿女御。身份高贵且入宫最早的弘徽殿女御，眼见身份"低贱"的桐壶更衣后来者居上，嫉妒之情当然非比寻常。但年轻的桐壶帝已陷入相逢恨晚的盲目爱情中，且笔直地朝纯爱的井底下沉，谁能奈他何？在这种情况下，桐壶更衣生下了《源氏物语》的主角——光源氏。

光源氏3岁那年，桐壶更衣与世长辞。桐壶帝不胜悲恸，日夜以泪洗面。弘徽殿女御则是暗叫快哉，笙歌鼎沸，赏月作乐。

生母过世后，光源氏回到宫内。桐壶帝爱屋及乌，极为宠爱光源氏，时常带着小皇子进出妃嫔的垂帘禁地。小皇子长得秀丽俊美，各妃嫔也情不自禁地打破禁忌，让光源氏自由出入。这种破格的成长过程，塑造了日后光源氏的花花公子性格。按当时的常理，即便是皇子，也不能随意出入皇上妃嫔的宫院，而必须在母亲的娘家由外祖父带大。事实上，弘徽殿女御所生的大皇子（日后的朱雀帝）便是在右大臣家成长的。

小皇子光源氏7岁那年，朝鲜王朝派使臣来朝觐，使臣中有一位高明的相士。由于宇多天皇定下外国人不得入宫的禁例，桐壶帝便让小皇子假扮成右大弁朝臣（事务次官，相当于现代的次长）的儿子，前往招待外宾的鸿胪馆看相。相士看了小皇子的相貌，大吃一惊，说道："照这位公子的相貌看来，应当是一国之王，能登帝王之位。然而朝这方向占卜，又得到会引发国家变乱的结果。可若是当朝廷重臣，辅佐政治，则又不合相貌。"

这段预言暗示了光源氏的未来，意味着小皇子将终身介于

▷ 光源氏自小聪颖,朝鲜使臣认为其面相奇特。图为鸿胪馆相命画面。(住吉具庆)

帝王与臣下之间的地位，成为半帝、半臣的身份。也因此，光源氏才能在《源氏物语》中展开华丽的恋爱生涯。

桐壶帝听完报告，思前算后，决定将小皇子降为臣籍，赐姓源氏。如果光源氏以皇子身份继续留在宫内，很可能会卷入权力斗争的旋涡，运气不好的话，甚至会遭暗杀。如此想来，皇上的决定很正确。但换一个角度来看，作者紫式部在《源氏物语》中的初期人物设定，也的确非常高妙。

葵姬

岁月不居，时节如流。桐壶帝依然无法忘却过世的桐壶更衣。此时，宫内传闻先帝第四皇女外貌酷似桐壶更衣，桐壶帝便迎请第四皇女入宫。由于第四皇女是皇族身份，于是住进清凉殿近邻的飞香舍，也就是藤壶宫院，成为藤壶女御。

藤壶女御这时顶多十五六岁，与光源氏仅相差四五岁。自幼失母的小皇子，会对这位年轻的继母产生恋慕之情，也是人之常情。何况桐壶帝又积极让小皇子亲近藤壶女御，更时常诱导藤壶女御接受光源氏那稚嫩的倾慕之心，如此，藤壶女御便逐渐成为永存光源氏内心的"理想化女人"。

12岁那年，光源氏照例必须行冠礼仪式，由左大臣加冠。当夜，按照宫中惯例，由左大臣的女儿葵姬侍寝。于是，小皇子便成为左大臣家的女婿，往后的一切，包括经济上的支援，都由左大臣家负责。

那一时代的婚姻制度多种多样，男方可以选择通婚形式，也可以干脆住进女方家，若自己的经济条件允许，或女方无依无靠，更可以将女方迎进自己家门。一般说来，通婚形式最普

▶ 光源氏 12 岁时于清凉殿举行冠礼。左下角还留着辫发的白衣少年就是光源氏。（土佐光则）

遍。而女方一旦迎入夫婿，即便分居两地，也必须全面负责丈夫的一切，包括衣食住行。两人的孩子，也由女方的娘家负责养育。这样讲，好像当时的男子很轻松，只要有幸成为豪门女婿，便终身不愁吃穿。其实不然。男子当初靠岳父的财力或背景，爬到某一阶段的地位时，便得步岳父后尘，为自己的女婿操劳。

总之，当父亲的，必须全力以赴地为女儿留下资产，免得女儿将来找不到夫婿。因此，这一时代的房地产之类的遗产，都由女儿继承。不过，这种婚姻形式，又与中国男子的所谓"入赘"迥然不同。这大概正是母系社会与父系社会之间的差异。母系社会，担负传宗接代重任的是女方。而女方的靠山，正是父亲或兄长。因而父亲或兄长在年轻时，必须拼命去找有能力"培育"自己的岳父，以便日后能成为自己娘家姐妹或女儿的后台。天皇则另当别论。

小皇子本没有后台，其外祖父早逝，生母早亡，外祖母也不在人世，却因当上左大臣的女婿，外加生父是天皇，政治地位在一夜之间便超越右大臣和弘徽殿女御了。桐壶帝也是没有后台，才会迎右大臣的女儿入宫当女御。总之，这一时代，一家之主是外祖父，外戚地位最高。

一旦完成加冠仪式，光源氏的身份便是"成人男子"，无法如往常那般自由进出藤壶女御宫院了。即便有机会，也只能隔着一面屏风交谈。这面屏风，对光源氏来说，恐怕犹如千山万壑。

葵姬是贵族中的贵族，比小皇子大4岁，其母亲是皇上的胞妹。右大臣原本想让葵姬当皇太子的女御，左大臣却迟迟未许，最后许给了光源氏。一方面，由于是左大臣家的掌上明珠，自幼从未与男性接触过，而且本以为自己可以入宫当女御，没想到夫婿竟只是臣籍的光源氏，葵姬内心当然有所不满。另一方面，渴求母爱的光源氏，其初恋情人是继母藤壶女御……这对年轻夫妇，一开始便注定走上了荆棘之路。

第二节　帚木

帚木（hahakigi），是信浓国（长野县）传说中的一种树木。从远处看，那树木像是一把竖立的扫帚；但挨近的话，却会消失。实际它到底是什么树，无人知晓。用在和歌上，通常比喻男女在求爱过程中，对方起初看似有意，后来才知道实为无心，害求爱者白白做了一场春梦。而在《源氏物语》中，则暗指拒绝光源氏求爱的空蝉。

光源氏 17 岁时，职位是近卫中将。当时警卫皇宫或整个京城的军队、警察，有卫门府、近卫府、兵卫府三个部门，近卫中将是近卫府的二等官。

梅雨夜话

话说，某个梅雨连绵的夜晚，光源氏在淑景舍（桐壶院）值宿，头中将跑来找他。头中将是葵姬的哥哥，也是光源氏的大舅子，更是右大臣的女婿，职位是近卫中将兼藏人头。藏人是皇上身边近侍，负责皇上与太政官之间的联络工作，并支配、处理宫中一切杂事，其官阶或许不高，权力却非常大，自武官（头中将）、文官（头弁）中各选一名。

头中将比光源氏大 6 岁左右，两人是无所不谈的至交。这晚，又加入左马头（掌管马寮的长官）和藤式部丞（掌管朝廷礼仪、六品以下文官人事考核的大学寮三等官），四个男人凑在一起，话题自然会谈到女人，免不了对女人评头论足，议论纷纷。头中将把女人分为上、中、下三等，主张中等女人最富风韵，且各异其趣。所谓中等女人，是地方官的女儿。地方官虽然远离中央，是上流贵族口中的乡巴佬，但于任期四年间，往往可以利用非法手段积蓄财产，比一般官吏富裕很多。紫式部与清少纳言均是地方官的女儿，但算是清贫人家，才会入宫做事。

年长的左马头口若悬河："若只是情妇、恋人之交，问题比较简单，但是，一旦需要在众多情妇中选择唯一的终身伴侣时，问题就很棘手了。比如说，要在众多男性官僚中，选出一名有能力安民治国的柱石之臣，不也很困难吗？不过，即便再怎样优秀的人，也无法单凭一两个人便能独立执政，上级必须有下级辅助，下级也必须服从上级，才能圆满解决范围广泛的行政问题。与这问题比起来，虽然只不过是选择一个小家庭中的主妇而已，可是，仔细想想，正因为必须在家庭中独当一面，其必备条件也就比男性官僚多了。而世上根本没有完美女人，一般女人都有美中不足之点，要找个无过也无不及的中庸女人，实在难呀！"

"男女关系中，最重要的是女人该如何照料男人。就这点来看的话，女人其实不必太富情趣，不懂风流韵事也无妨。可是，若太耿直又务实，老是把头发夹到耳后，成天蓬头垢面，不修边幅，只顾着柴米油盐等家务事，则又太无趣了。男人早出晚归，无论公私，每天在外面都会耳闻目睹众多人的举动，而不管好事坏事，总想找个知心人说说自己的所见所闻吧？如果身边有个情投意合、心心相印的女人，男人自然会比手画脚、眉飞色舞地讲

▷ 黄梅时节雨不歇,暮夜里,光源氏与友人品定女性种种。

述外面发生的一切。不过,某些时候,男人在外面遇到极为气愤的事,或碰上棘手问题,不知如何是好时,通常又不想向女人吐露这种心事,于是避开女人,独自一人回顾事情,然后情不自禁地又笑又叹,甚至自言自语。这时,若是女人呆头呆脑地过来问'你怎么了?'那真会让男人想一头撞死。"

"总之,女人应该凡事都能心平气和地应对,大事化小,小事化无。男人若是见异思迁,女人只要向男人暗示自己已知道,婉转劝说,这样,男人便会回心转意。大抵说来,男人的心,都看女人的态度而定。可是,女人要是完全不干涉男人在外的行动,放任男人拈花惹草,男人虽会因自由而感到很舒适,却

▶"雨夜品评"是"帚木"一帖的重头戏,与日本传统女性观的形成,有很大关系。图为日本传统"贝绘"所见的场景。于大型蛤贝内彩绘,也是平安朝流传下来的日本工艺之一。

也会逐渐轻视女人，将女人看成可有可无的存在。这就好像不系舟，随波逐流，到处风流，但毫无顾忌地吃野食，老实说，吃起来也不痛快。你们说是与不是？"

——千年前与千年后的男性心理，大同小异。紫式部能在千年前就借小说人物道出此真理，可谓名副其实的女先知。

头中将听得频频点头称是，光源氏也听得津津有味，两眼发光。左马头又滔滔不绝地说起自己过往的经验，最后向年轻人忠告道：

"你们还年轻，对外表纤细得看似一折即落的胡枝子露珠，或娇媚得看似一摸即消的竹叶上冰雹的性感女人特别感兴趣吧？等7年过后，你们就能体会我前面说的道理。还有，这是鄙人的忠告，千万要小心谨防轻佻浮薄的女人。这种女人定会犯错，拖累男人的名誉。"

请注意，这儿的所谓"性感女人"标准，与现代完全两样。当时的贵族或上流庶民家庭女人，在男人面前露出五官，等于露出肉体秘处；而性感条件，并非三围，而是举止、说话口气、服装配色美感、和歌教养、染布技术等。"胡枝子露珠"与"竹叶上冰雹"，都是形容弱不禁风、没有主见的女人。

愚人故事

头中将依然听得频频点头，光源氏则面露微笑，内心大概觉得上了一堂有益的课。光源氏接着笑道："东拉西扯的，结果都是见不得人、脸上无光的家丑嘛。"头中将便说："那我来讲一段愚人故事好了。"

"往昔，我曾经暗地与一女子交往。她长得相当诱人，本以为不会持久，没想到熟识之后，我愈发喜爱她。虽然时断时续地到她家交往，内心却视她为难忘的意中人。而她也开始有依赖我的意思。有时我会想，她要是想依赖我，大概会恨我薄情，不常去看她吧。想到这点，我就有点内疚。可是，她始终毫无怨言，隔好久没去看她，也不会抱怨我是个稀客，还是以每天生活在一起的态度对待我。我觉得她可怜，有时也会向她说些可以让她安心的甜言蜜语。她没有双亲、无依无靠，自然而然便把我当成唯一的依靠，那模样，更令我心疼。正因为她性情温和，我也感到很轻松。有一阵子，我隔了好久都没去看她。事后才知道，在这段时间，我家里那人（指的是右大臣的女儿，正夫人）派人去向她说了些刻薄的话。我根本不知道曾经发生过这种事，虽然内心对她念念不忘，却一直没去看她，也没写信给她。她大概非常不安，苦恼万分，而且我们之间有个小孩。寻思之余，她送来一封信，并附一支瞿麦花。"头中将讲到此，眼中噙着泪。

接到信后的头中将，赶忙去那女子家探望。那女子虽有满肚子苦水，却仍旧不发怨言地迎接爱人入室。然而，到底是男人天生犯贱，不肯怜香惜玉，还是女人打肿脸充胖子，自取其辱？头中将又将这位女子置之不顾了。当他隔了好久再度去找那女子时，已是人去楼空。前面左马头刚说过，女人应该凡事都能心平气和地应对，连男人在外寻花问柳，也必须闷不吭声，而真正遇到这种女子时，为何又将对方视如敝屣？头中将的理由如下：

"在我倾心于她时，如果她缠住我不放，时常向我诉苦，现在也不会沦落到必须弃家失踪的地步吧。我也不会隔好久才去看她，一定会厚待她，照顾她的终身。可怜那年幼的孩子，那孩子很可爱，虽然我曾设法寻找，但到现在仍杳无音信。"

各位女性读者，您道此理何来？

总之，这雨夜品评的结局，最终没有定论。最后成为杂乱无章的闲谈，一直谈到天亮。

第三节　空蝉

空蝉（utsusemi），本来是佛教用语"现身"之意，象征无常人世或短暂人生，后来音译为汉字"空蝉"，于是人们便将"空蝉"引申为蝉蜕，或直接指代蝉本身。在此，"空蝉"是脱下披衣、逃离光源氏魔掌的那位女子。

17岁的光源氏，听了一晚知心好友的女性论，盘旋在心中的念头是：她，既没有任何不足之处，也没有任何逾矩之处，那才是真正十全十美的女人。

"访妻"方违

第二天，天气总算放晴了。光源氏思及岳父左大臣，不禁有点内疚，决定到岳父家探望妻子。这位左大臣，对于女婿经常窝在宫中不来探望自己女儿的行径，内心虽感到遗憾，却不忘自己身为岳父的职责，时常命儿子们送衣服、日常用具过去。这一时代，娘家没有父亲或兄长当靠山的女人，命运非常凄惨，《今昔物语》中，便有因经济能力无法"养"夫婿而主动提出离婚的女人例子。头中将的那位情妇，正是因为没有靠山，地位很不稳，既遭受正夫人刁难，又不被意中人放在心上，才会带着年幼的孩子不辞而别。

话说回来，光源氏来到井然有序的岳父宅邸，与妻子葵姬相见。葵姬见到久违的丈夫，依然一副凛然难犯的样子。对光源氏来说，葵姬虽高贵雅致，但举止过于庄重，令人不由得想敬而远之，这正是左马头所说的美中不足之处。

傍晚，女官们才惊觉，今晚从宫中到左大臣宅邸的方位不祥，而光源氏私邸的二条院也位于不祥方位，必须"方违"（katatagae）。也就是说，必须转移宿所以避凶灾。这在当时是家常便饭，所以借宿人与留宿人之间，发生一夜情的概率相当大。

选来选去，最后选中位于平安京东京极中川旁的纪伊（和歌山县）国守宅邸。虽然纪伊国守表示，独自赴任的父亲家的女眷也因斋戒而寄宿在自己家，家里有点狭窄且嘈杂，但光源氏还是带着几名亲近随从动身了。

寄宿在纪伊国守宅邸的女眷，是伊予介（爱媛县二等官）的继室空蝉，也是纪伊国守的后母。空蝉原为卫门督（卫门府长官）的女儿，本来预定入宫侍候皇上，却由于双亲早逝，只得带着弟弟小君嫁给老地方官当续弦。光源氏当然听过这位落魄贵族女子的风闻。

脱轨外遇

当天夜晚，光源氏的房间在正屋东厢，随从睡在厢房格子板窗外的窄廊；空蝉的房间在北厢。所谓厢房，是三米宽的地板廊，随处用隔扇、布幔隔成小房间，房间内有各种日常用具，并铺着一席大的榻榻米当睡床。由于光源氏要来，纪伊国守于事前吩咐女眷退到正殿后的"下屋"（有厨房与下人房间的里屋），却因为时间匆促，空蝉来不及退开。又凑巧随身女侍去洗澡，隔扇没锁上，就这样让光源氏给闯了进去。

光源氏抱起小巧玲珑、惊恐万分的空蝉，走出隔扇。这时，洗完澡的女侍回来了，黑暗中，她从光源氏身上传出的香味，得知来掳主人的正是那位光源氏，不便叫出声，只好眼睁睁地看着光源氏抱走主人。

可怜的空蝉，哀求又指责，几乎哭了一整夜，但生米已煮成熟饭，又能奈何？

回到私邸的光源氏，忘不了拒绝整夜、外柔内刚的空蝉，过了一阵子，便召唤空蝉的弟弟小君过来当随身侍童。某天，他写了一封很长的情书托小君转交给空蝉。空蝉看了信，愈发悲伤。若是云英未嫁，这姻缘真是踏破铁鞋无觅处呀，可如今自己已罗敷有夫，且丈夫又是身份卑微的老地方官，怎能同出身高贵的光源氏相比？为何命运如此作弄人？

无论光源氏送来如何热情的情书，空蝉始终不回信。她外表看似默然不动，其实心摇摇然如悬旌。

念念不忘佳人的光源氏，某天故意选了个应该往中川"方违"的日子，于回私邸途中假装临时想起，转到纪伊国守宅邸。纪伊国守大吃一惊，以为光源氏中意自家的池塘美景，喜出望外。然而，光源氏早已同小君串通好，空蝉也于事前得到通知……这晚，光源氏的目的是想来重温旧梦。

心乱如麻的空蝉，思前想后，最后决定躲到女侍房间。小君寻了好久，才找到姐姐。姐姐却命弟弟向贵公子说，今晚身体不适，必须有女侍在身边服侍。光源氏遭到拒绝，懊恼不已，却也愈发心折于空蝉的顽固。

辗转不寐的光源氏，叫小君送去一首和歌：

不知帚木真面目，枉然迷途于园原。

翻来覆去的空蝉，也回了一首和歌：

委身伏屋蓬茅下，恨不烟消如帚木。

相传帚木生长于信浓国园原伏屋，因而两人所作的和歌各自有"园原"和"伏屋"地名。

百无聊赖的光源氏，只得命小君在一旁陪睡。翌朝，天色未亮便匆匆离去。

碰了一鼻子灰的贵公子光源氏，越想越不甘心，时常向小君诉苦："你姐姐太无情了，我想尽办法要忘掉她，却忘不了，痛苦死了。你要帮我找个机会让我再度见你姐姐一面。"

十七岁的男生对十二三岁的男童说这种话，实在有点可笑，却也如实描述出光源氏内心的焦躁。而空蝉表面对光源氏虽冷若冰霜，其实内心也极为烦闷：是死守老地方官续弦身份好，还是干脆放开一切享受人生难得的浪漫恋情好？

空蝉脱长袂

平安时代，除了皇上的妃嫔与上流贵族的夫人必须守妇道外，中流阶级以下的贵族，或庶民阶级的有夫之妇，即便红杏出墙，也不算丑事。简单来说，既然没有法律婚姻制度，又是母系社会，女方只要有经济能力，又有姿色本钱的话，每天各迎不同男子入室，也不会遭人指指点点。空蝉的问题，在于她没有娘家靠山，也没有经济能力，才不得不咬紧牙关暗落相思泪。眼前若接受了光源氏，有朝一日遭遗弃时，自己该何去何从？不仅自己，恐怕也会连累到弟弟小君的前程。

小君终于逮到机会，某天傍晚，趁纪伊国守下乡时，让光源氏坐上自己的牛车，溜进纪伊国守宅邸。小君让女侍打开南

› 小君带路,光源氏再度登堂入室,结果因为身上香气泄漏了身份,还是让空蝉给逃脱了。(土佐光则)

厢格子板窗，进去探查姐姐的动静。光源氏在东厢边门口听到女侍说，今天西殿小姐过来同空蝉下棋。西殿小姐名为轩端荻，是老地方官伊予介前妻的女儿，算是空蝉的继女。

　　光源氏当机立断，蹑手蹑脚地来到小君打开的南厢格子板窗前，钻进格子板窗与垂帘之间的空间。垂帘内其实还有一层布幔，相当于现代的窗帘。当时的建筑样式是"寝殿造"，正殿构造从最外一层看进去，是窄廊、格子板窗、垂帘、布幔、厢房和正房。小君进去后，没顺手合拢布幔，加上天气热，厢房的屏风没展开，正房的垂帘与布幔都卷了起来，以至于光源氏可以自垂帘缝隙看到正房内的光景。

　　从光源氏的方向看过去，空蝉斜面背对光源氏，轩端荻则面向光源氏。贵公子首先观察了意中人的姿容：头部纤细、身材娇小、双手瘦削、侧面眼睛微突、鼻梁不挺、有点苍老。而对面的轩端荻则是肤色洁白、体态丰满、身材修长、额发分明、头发浓密、明眸皓齿。以当时的标准来看，光源氏也觉得空蝉不算美，甚至可以归类为丑女；轩端荻则是明艳动人的女孩。但从举止言谈来看，空蝉时时用袖口掩面躲闪，款语温言，端正庄重；轩端荻则口齿伶俐，嬉皮笑脸，敞胸露怀，轻浪浮薄。

　　这晚，空蝉于事前完全不知道光源氏会来偷香窃玉，因为小君深知姐姐那坚贞不拔的个性，打算暗中牵线，成全贵公子的心愿。夜深人静时，小君引导光源氏进入厢房，并带他钻进正房。

　　同样患了相思病的空蝉，无法立即入睡。望着身边无忧无虑酣睡的继女，不禁好生羡慕。然后，黑暗中，她听到衣服窸窣声，并闻到一股浓烈的香气，觉得有些蹊跷，抬眼一看，发现有人正自卷起一格的布幔空隙进来。空蝉迅速起身，只披上

▶ 12年过去后，乘牛车参拜石山寺归来的光源氏与空蝉再度相见。（土佐光则）

一件生绢内衣,悄悄溜出正房。

原以为可以达成心愿的光源氏,因搂在怀中的躯体感触不一样,才知道又让空蝉脱逃了。为了空蝉的名声,光源氏只好向自梦中醒来、茫然不解的轩端荻说了一大堆假话,不让对方看破自己真正的目的。离开房间时,光源氏看到一件单衫,料想定是空蝉的衣服,他便随手揣在怀中。

同小君回到二条院私邸的花花公子光源氏,照例向小君埋天怨地。大概越想越气郁,便命小君拿来笔砚,在纸上写下:

空蝉留衣壳,蝉隐树根衫在手,睹物思幽兰。

第二天,小君当然挨了姐姐一顿臭骂,于是赶忙递上昨晚光源氏随手写下的和歌。空蝉看了和歌,在一旁题下无法送回的返歌:

空蝉脱长袂,树间凝露无人知,暗里泪沾衣。

之后,光源氏病重时,空蝉写了慰问信送过去。而空蝉将随老地方官下乡时,光源氏不但送了诸多饯别礼品,并退还那件单衫给空蝉。12 年过后,29 岁的光源氏与大约 35 岁的空蝉再会,以后一直持续信件往来的关系。再之后,老地方官过世,空蝉因受不了继子(纪伊国守)的纠缠,落发出家。如此,岁月再度流逝,光源氏最终还是将这位薄命女接到自己的二条东院,让她专心吃斋念佛,安静度过余生。

虽然人生没有"如果",但是,倘若空蝉当时选择了一时的浪漫恋情,结局又会如何呢?

第四节　夕颜

　　夕颜（yuugao）：葫芦花，色白，黄昏盛开，翌朝凋谢。此花悄然含英，又阒然零落，在此意为突然香消玉殒的薄命女子。

　　话说这阵子，光源氏经常到六条同已故皇太子遗孀六条妃子暗度陈仓。六条妃子高贵美丽，大光源氏7岁。这天傍晚，光源氏也是打算到六条，途中想起住在五条的乳母因生了一场大病，为了祈愿康复，在家落发为尼，于是便前往五条探病。来到乳母家时，发现大门锁着，只好派人去通知乳母的儿子惟光来开门。坐在牛车内等待的光源氏，瞧见乳母家毗邻的住屋中有不少女子聚集在垂帘内，垫着脚跟偷窥篱笆外的牛车。

白露沾夕颜

　　因是微行，光源氏搭的是简便牛车，心想对方大概猜不出自己是谁，便大胆探头观看邻家。对光源氏来说，那是极为简陋的住屋，门口板墙上缠着蔓草，开着朵朵白花。光源氏命人去折了一串花过来，不料屋内走出一个女童，递出一把熏香的白纸扇，并请随从将枝条软弱的白花搁在纸扇上。

　　纸扇上写着一首和歌：

　　莫非尊驾是伊人？貌若白露沾夕颜。

　　（难道你是那位光源氏？你那美如沾上白露的夕颜令人如是猜测。这儿的"夕颜"，有"傍晚的侧脸"之意。）

▷ 光源氏探访乳母，望见隔壁葫芦花开，由此与夕颜结下了一段短暂恋情。（土佐光则）

光源氏觉得很意外，便故意改变笔迹，随手回了一首：

苍茫暮色引颈望，安知此花是夕颜？
（你又没挨近仔细看我的脸，在黄昏朦胧的光线下，怎知我就是那光源氏？）

这正是光源氏与夕颜的邂逅之缘，却也是一场刻骨铭心的短暂恋情。

几天过后，惟光向光源氏报告："五月左右，邻家住进一位神秘女子，没人知晓她的身份。昨天傍晚我偷窥了一下，望见一女子坐在桌前写信，那女子实在漂亮，但看似很悲伤，一旁的女侍都在饮泣。"

光源氏听毕，愈发对夕颜产生兴趣。这时的光源氏，身边有两位女性，一是正房葵姬，另一是六条妃子。但这两位女性，均是玉叶金枝，且前者冷若冰霜，后者热情如火，二者都令人有点吃不消。听到那陋巷之中住着一位神秘女子的消息，17岁的光源氏，体内的荷尔蒙又在蠢蠢欲动，想尝试一下禁忌游戏。

入秋后，经过惟光东奔西走，光源氏终于如愿以偿，得以与夕颜绸缪罗襦。夕颜虽比光源氏大两岁，却天真纯朴，对男人百依百顺，令光源氏一头栽进她的怀中。身份非比寻常的光源氏，不便在五条这种庶民区进出，于是每次到夕颜家时，总是特地换穿一身破旧的服装，并借用惟光的马匹，身边只带两名随从，而且还蒙面赴约。

夕颜虽不表明自己的身份，但也不追究光源氏的来历，一

> 与夕颜热恋的同时，光源氏还跟六条妃子暗度陈仓，图为一夕风月之后的翌晨，六条妃子送光源氏归去的情景。（土佐光吉）

味柔顺地迎合光源氏。至今为止只接触过贵族女人的光源氏，这回真陷入一日不见如隔三秋的朝思暮想的热恋中。而且，夕颜家是板屋，屋顶多缝，月光从缝隙射进屋内的景色，反倒让光源氏感觉别致有趣。拂晓时分，更可以听到屋外传来抱怨景气不好的谈话声、舂米声、捣衣声，这些几近贫民窟的种种声响，令光源氏耳目一新，如同刘姥姥进大观园一般。

八月十五满月之夜，天亮之前，犹有童心的光源氏突发奇想，将夕颜抱进牛车，只带一名女侍右近，来到五条一栋荒草蔓径的宅邸。这是皇室别墅。瞧见看守人对光源氏殷勤服侍的样子，夕颜与右近才明白眼前这个热情的男人，果然是光源氏。

天亮后，大概因为换了场所，令光源氏情绪高昂，一把摘下脸上的覆面，露出自己的面貌。夕颜也首次让心爱之人仔细看清自己的五官，却仍旧不肯透露真正的身份，只说自己是随波逐流的"海人之子"（当时海边住着的妓女）。

一整天，两人无拘无束地有说有笑。望着眼前天真烂漫的夕颜，光源氏情不自禁地想起高贵的六条妃子。那女人既优雅又有学识，可在她面前，总觉得举手投足都得循规蹈矩，连屁都不敢放。而在夕颜面前，却可以畅所欲言……难怪自己会越陷越深。

乐极生悲

深夜，光源氏做了噩梦，梦见有位艳丽的女子坐在枕边诉苦："我爱你这么深，没想到你都不来找我，却带着卑贱的女人来这儿卿卿我我，恨啊！恨啊！"说毕，女子伸手想揪起光源氏身边的夕颜。

光源氏打了个寒战，惊醒过来，发现四周漆黑得伸手不见五指，赶忙拔出长刀，搁在枕边以避邪。继而唤醒右近，命她到外面吩咐随从拿火烛进来。右近当然不敢去。这时代的夜晚，真的漆黑一团，右近不敢摸黑走动也是理所当然。而躺在被褥里的夕颜，则全身冰冷，气若游丝。待火烛送过来时，只见出现于噩梦中的那位艳丽女子，浮现于夕颜枕边，倏忽又消失了。光源氏躺下来搂住夕颜，发现夕颜已气绝。

　　年轻的贵公子光源氏万万没想到事情竟会演变为如此，茫然不知所措，只得再度吩咐方才送火烛过来的武士，派人去找惟光。自从呱呱坠地以来，凡事都有旁人照管的光源氏，悔恨不已。他生平第一次如此付出深情，第一次擅自安排幽会，怎会演变成这种结局？

　　鸡鸣过后，惟光总算赶来了。贵公子光源氏一看到惟光，松了一口气，悲恸之情再度涌上心头，于是不顾身份地放声大哭起来。惟光建议，为了不让风声走漏，暂且将尸体送到东山他认识的某座寺院中，光源氏则先回二条院。当天夜晚，光源氏又偷偷到东山看了夕颜最后一眼。回来后，光源氏便病倒了。

　　大约躺了一个月，光源氏才恢复了健康。右近自从送走主人后，便在二条院服侍光源氏。某个黄昏，光源氏召唤右近到身边，问她夕颜生前的种种。右近说，主人其实已知道光源氏的身份，只因光源氏始终慎重行事，主人猜测他大概只是逢场作戏，因此也只能隐瞒自己的一切。

　　夕颜是三品官中将的女儿，双亲早逝，留下她孤苦伶仃地过日子。后来于某个机会和头中将结缘，三年之间过得还算恩爱，膝下也有一个女儿。去年秋天，头中将夫人右大臣家派人前来问罪，百般刁难恐吓，夕颜只好逃到西京某乳母家。右近是她另一个乳母的女儿。夕颜本来想迁居山中，却因今年山中方向不吉，只得先住在五条那座简陋的房子里避凶，不料竟与光源氏结缘。

右近又说，主人生性胆怯，做事小心谨慎，任何心事都隐忍不说，无论遭遇什么事，表面都装作若无其事。光源氏听毕，想起头中将曾经提过的女子。原来夕颜正是那女子，难怪头中将会念念不忘。

为夕颜做的七七四十九天的法事，在比叡山法华堂秘密举行，排场十分豪华。光源氏又亲手在预定焚化给夕颜的裙裤腰带上打结。当时男女共度一夜后，于第一声鸡鸣分手时，习惯彼此为对方系上裙裤腰带，表示在下次见面之前，绝不移情别恋。望着裙裤结，光源氏哀肠百转，只能对天长叹：

今日含泪结裙带，何世相逢彼此解？

（此处的"解"，有纾解隔阂、彼此坦白身份、水乳交融的隐意。）

第五节 末摘花

末摘花（suetsumuhana）是红花，花可制胭脂或染料，种子可榨油。

夕颜如朝露般夭殒后，眨眼间已过半载，光源氏仍无法忘怀夕颜的一颦一笑。某天，光源氏另一位乳母的女儿大辅命妇到二条院找贵公子闲聊（命妇，是朝廷女官官名，官位五品以上；大辅，是其父亲的官名，次官之意。当时所有女官的通称，都冠上父亲的官名，不能轻易透露自己的本名）。大辅命妇告诉光源氏，已故常陆国守（茨城县）亲王有个女儿，目前过着十分孤寂的日子（常陆国守代代都由皇族兼任，但亲王本人不到常陆赴任，实际国务都让次官掌管）。

大辅命妇不知对方相貌、品行如何，只知道对方喜欢弹七弦琴。光源氏一听，兴致勃发。对方出身高贵、住在庭院深深的荒废宅邸、孤单一人、七弦琴声……难道是位与世隔绝的九天仙女？

琴挑缘起

某个夜色朦胧的春夜，光源氏来到大辅命妇所说的宅邸，托命妇去请深闺小姐弹琴。命妇只让亲王小姐弹了一小段，以致光源氏根本听不出小姐的琴艺优劣。而光源氏倒是在正殿篱笆外撞见跟踪自己而来的头中将。这两位男子感情非常好，却也喜欢有事没事在各方面一争长短，算是老对手。头中将也听

▷ 光源氏在篱笆外听琴，却与追踪而至的头中将撞了个正着，两人遂各凭本事，追起亲王小姐来了。（土佐光则）

了琴声，顿时兴起同光源氏打对台的念头。

于是，两人同时送情书给亲王小姐，然而，始终没有回音。这期间，光源氏患了疟疾，加上怀着不可告人的隐忧，事情便不了了之。春去夏来，夏去秋来，光源氏愈发觉得那位亲王小姐的境遇同夕颜很类似，便再度提笔写情书给亲王小姐。但亲王小姐宛如铁石心肠，所有信件都如泥牛入海，令光源氏极为沮丧。

命妇其实内心暗忖，亲王小姐和光源氏根本不相称，自己当时也不过随口说说而已，不料光源氏竟鬼迷心窍，想入非非。因拗不过光源氏的纠缠，命妇只得权充月下老人，安排光源氏与亲王小姐会面。说是会面，也只是隔着隔扇晤谈罢了。

这晚，年老乳母与饱经世故的女侍们早早便就寝了，亲王小姐身旁只有两三个年轻女侍。从未同男宾客接触过的亲王小姐，完全不知该怎么回复光源氏的攀谈，任凭光源氏再如何滔滔不绝，也始终默然无声。偶尔年轻女侍看不过去，会代亲王小姐回话。闻着自隔扇后传来的阵阵香味，加之对方缄口不语的态度，令光源氏的幻想膨胀到极点，终于不顾一切闯进隔扇。大辅命妇大吃一惊，却也只能视而不见，赶忙逃回自己的房间。而年轻女侍个个倾慕光源氏已久，反而庆幸生米可以煮成熟饭，也都各自退避了。

达到目的后的光源氏，因亲王小姐宛如木头人，不但不吭一声，也毫无惹人怜爱的举动，失望之余，深夜便离开了。按照当时的习惯，如果两情相悦，男方必须连续三晚到女方家过夜，才能正式成为"情侣"或"夫妻"。而且天亮前离开女方家后，必须立即派人送情书过去，以证明自己并非逢场作戏。但

第五章 选说《源氏物语》 / 207

▷ 光源氏隔着格子板窗与亲王小姐晤谈,亲王小姐虽然始终不语,光源氏却浮想联翩,倾慕不已。(土佐光则)

光源氏却到傍晚才派人送信过去，凑巧这天又是雨天，路途难行，光源氏也就懒得过去献殷勤了。

情深不弃

年轻的贵公子，在朝廷内的生活多彩多姿，虽然内心偶尔会挂念落魄的亲王小姐，可依然提不起劲儿去看对方。

某个冬夜，心血来潮的公子光源氏，悄悄到亲王小姐宅邸探看。他原是想瞧一眼小姐长相如何，结果没看到小姐。从格子板窗缝隙望进去，只见四五个女侍在吃饭，由于经济窘迫，桌上粗茶淡饭，甚是可怜。屋内摆设也十分破旧。聚集在厢房一隅的几个女侍，穿着肮脏不堪的白衣服，发型也很老式。总之，无论摆设或女侍的打扮，都给人一种过时、酸腐的印象。

女侍之一唉声叹气道："唉，今年怎么这般冷？没想到我活了这么一大把年纪，还得过如此贫苦的日子。"

另一女侍接着说："亲王在世时，我们真不该抱怨日子难过，如今这种凄惨生活，也还是得过呀。"

光源氏听毕，再也忍受不住，假装刚来访的样子，伸手敲了敲格子板窗。

夜深时，外头下起雪来。天昏地黑，北风呼呼怒吼，令人情不自禁地想起夕颜猝死的那夜。这宅邸的荒凉不亚于当时那宅院，只是规模较小，又有女侍，感觉上热闹一些。亲王小姐依旧木头木脑，毫无情趣。光源氏在这里度过穷极无聊的一夜，好不容易才等到天亮。光源氏亲手打开格子板窗，观赏庭院雪景。放眼望去，雪地周围破瓦颓垣，不见行人足迹，看着看着，连心都要凄凉起来。

贵公子呼唤亲王小姐过来赏雪。岂知,不来则已,一来惊吓人。借着雪光,光源氏斜眼看清楚了亲王小姐的五官,后悔莫及。首先,她坐着时虽很高,其实双腿很短。其次,她鼻子又长又高,宛若象鼻,鼻尖下垂,鼻头通红;脸色苍白,颚骨宽大,下巴长得仿佛马脸;身躯如柴,肩膀更是瘦削。

为什么九天仙女在雪光的映照下,会成为丑头怪脸?而且身上的打扮老旧落伍……光源氏这会儿真是吃了哑巴亏,有苦说不出。

然而,正因为看清了亲王小姐的长相,反倒令光源氏不忍对她弃之不顾,自此之后,便时时派人送日常物品过去。不仅亲王小姐的身边衣物,连老女侍、门房老人等下人,也无一不照顾得妥妥当当。

每次想到亲王小姐,光源氏便会联想到空蝉。同样是丑女,空蝉懂得遮丑,懂得以举止言谈、知书达理淡化她天生的恶劣条件。可这位象鼻马脸的小姐,该如何形容呢?只能说,丑得很老实、丑得很正直,甚至丑得令人于心不忍。

年终时,亲王小姐派人送来一套礼服。在当时,逢年过节准备男方的衣物,是女方的义务。光源氏看了那套礼服,不禁苦笑出来。礼服手工拙劣,配色也很俗气,而随礼服送过来的和歌,更是拙口钝辞,想必二者都出自亲王小姐之手。光源氏深知亲王小姐的经济内情,体谅她为了这套礼服一定费尽心血,于是在除夕那天,又派人送了一大箱服饰过去。

古邸情痴

如此不即不离地过了几年,光源氏因政治斗争必须远离京城到须磨（兵库县神户市须磨区，当时是枯寂荒凉的渔村）蛰居。失去经济援助的亲王小姐，再度过着穷困潦倒的生活，女侍也逐渐散去，家中下人寥寥无几。本已荒芜的宅邸，渐渐变成狐狸住居，无人整修的庭院，朝暮传出猫头鹰的啼声。有些地方官看重此宅邸古木蔽天的庭院，托人想收购，但亲王小姐硬是不点头。也有些暴发户得知此宅邸的家具什物都是代代相传、古色古香的名匠之作，央人想购买，亲王小姐也不答应。因此，宅邸庭院杂草丛生，四周围墙坍塌，连牧童都赶牛马进来放牧。虽然寝殿的陈设布置同往昔一样，却因没人打扫，蛛网尘封。末摘花小姐就在如此芜秽的宅邸内抱影守空庐。

亲王小姐有位嫁给地方官的姨妈，一心想说服外甥女到自己家当女儿的女侍，却难偿所愿。此时，光源氏在历经两年半的失意日子后，终于得到赦令，风风光光地回到京城。由于重返政界，于公于私都忙得不可开交，席不暇暖，当然也就全然忘了亲王小姐的存在。心碎的小姐虽夜夜暗泣，但仍拒绝了姨妈的力邀，甚至让最忠诚的女侍也辞别远去，只一片痴心地期待光源氏会回来找自己。

翌年四月，光源氏想起另一女子，打算悄悄前去探访。途中，路经一栋庭院犹如森林的宅邸，感觉似曾相识，便命随从进去细问。听毕古邸依旧故人在的报告，光源氏不顾身份，也不顾庭院露水打湿身上衣物，下车看望昔日恋人。

尔后，光源氏不但派人来翻修宅邸，对末摘花小姐家的里里外外也都亲自悉心调度；两年后，更是将象鼻马脸的小姐迎进二条院东院享清福了。

第六节　藤壶

光源氏18岁那年晚春，也就是刚认识末摘花小姐那时，因患疟疾，找人念咒画符、诵经祈祷，总不见效。听说北山深处有一高僧，曾于去年夏天治愈不计其数的疟疾患者，便于某天拂晓时分，带着几位随从出门微行于北山。时值三月下旬，京城早已"花事匆匆了，人家割麦初"，深山却仍是"阳春白日风花香"。

白天，光源氏时而在寺内接受高僧诵经祈祷，时而出去信步而行，观赏山中风景。傍晚，公子只带惟光一人，来到山坡下一所屋宇篱垣外，往内窥探，只见有位仪态高贵的女尼，正在桌前念经。稍后，有个年约10岁的女童跑进来，向女尼诉说丫鬟把她养在竹笼内的小麻雀放走了。女童的相貌非常可爱，光源氏目不转睛地凝望着女童，这才发现女童十分肖似自己所暗恋的那位佳人——藤壶。

藤植双壶

那屋宇的主人也就是僧都，听闻光源氏在山上接受诵经祈祷，当天晚上，便亲自前来邀请公子到自己的屋宇住宿。光源氏向僧都打听女童的身世，得知女童是藤壶的侄女，而女尼是女童的外祖母，也就是僧都的妹妹。女童虽然出身高贵，却因外祖父与母亲相继过世，只得由体弱多病的外祖母独力养育。光源氏听毕，马上向僧都请求："能不能将女童托付于我抚养？"

> 光源氏北山访僧,却与天真烂漫的若紫,也就是日后的紫姬相遇,又是一段因缘的开始。(住吉如庆)

僧都却毫无通融余地推说，此事必须征求女童外祖母的同意。女童的外祖母当然不答应。回到宫中的光源氏，再度写信给老尼姑与僧都，并派惟光去说服女童的乳母，依然无法如愿以偿。

这时，藤壶女御因身体微恙而回到三条私邸养病。光源氏听闻此消息，硬逼某女官从中牵线，于某夜闯进藤壶的睡榻。这是第二次了。有过前次的差错，藤壶本来发誓绝对不能再犯，没想到光源氏竟如此痴情，胆大包天地二度犯下乱伦罪行。如火的爱，往往会焚伤对方。血气方刚的光源氏，以为爱定胜天，殊不知自己如此做，等于将心上人一把推进地狱（附记：紫式部在原文中，将这段最重要的密会详情都省略了，也没提到"第一次"到底是怎么回事，只轻描淡写地一笔带过）。

到了夏天，藤壶发觉自己怀孕了。一无所知的皇上，大喜若狂，更加宠爱这位妃子。藤壶只是愧惶无比，终日耽于沉思。

七月，藤壶女御回宫。久别重逢，外加藤壶因害喜而面容消瘦，反倒显得别有一番娇艳，皇上便朝朝暮暮都窝在藤壶宫。而且为了让藤壶散心，皇上时时召唤光源氏到御前吹笛弹琴。这对光源氏来说，可真是种锥心蚀骨的折磨。明明知道心上人坐在御帘内倾听自己的笛声，却看不到也摸不到；明明知道心上人腹中那块肉，很可能是自己的骨肉，却不能探问也不能追求真相……是的，如火的爱，不但会灼伤对方，有时也会导致自焚。

紫姬养成

话说北山那位老尼，病情好转，回到京城。光源氏虽不时致信问候，老尼的回信总是千篇一律，婉言谢绝光源氏欲收养女童之心意。暮秋时分，某个月色皎洁的夜晚，光源氏好不容易才提起劲儿想去探望六条妃子，途中，看到一所荒芜宅邸，随从惟光告诉光源氏，这正是老尼的居所。于是光源氏临时起意，进去探候。老尼命侍女传言："如果公子一直不变心，待外孙女年事稍长之后，定让她成为公子后房。"光源氏见老尼意志坚定，也只得打退堂鼓。

九月下旬，老尼过世了。光源氏是十月才得知此消息。十一月某天黄昏，光源氏亲自前去访问，从乳母口中听闻众人想将女童送回她父亲那儿，但又深恐女童会受继母欺虐，一直拖延日期。入夜后，上空下起冰雹，外面狂风大作，光源氏便留下来陪女童过夜，天亮前才辞去。凑巧这天，女童的父亲也来了，看到宅邸年久失修，下人寥寥无几，当下决定另择日来迎接女儿过去。而就在父亲打算来迎接女儿那天，光源氏带着惟光于天亮前赶至女童宅邸，在众目睽睽之下抱起熟睡中的女童，径自钻进牛车。这简直是掠夺行为。但碍于对方的身份，众女侍只是面面相觑，束手无策。乳母见状，只得慌忙带着一件刚为女童缝好的衣衫，自己也换了一套衣服，匆匆上了牛车。

回到二条院后，光源氏将女童安置在西殿。这西殿原为偶尔招待生疏客人用的，平常鲜少有人出入，正好可以隐藏女童。当天夜晚，光源氏又命人到东殿传唤几个年纪与女童差不多的女侍过来。此后两三天，光源氏都不进宫，成天陪在女童身边教她习字、作画。女童天真烂漫，五官又与藤壶极为相似，光源氏越看越觉称心：这女童，可以被调教成自己理想中的女人。

留在老尼宅邸里的众女侍，向女童的父亲报告说，是乳母带着小姐出奔了。当父亲的虽然心痛不已，却也无可奈何。他

▷ 老尼死后,光源氏将若紫带回宅邸,异常疼爱。图为若紫以光源氏膝盖为枕而眠的场景。(土佐光则)

特意到北山僧都那边探问，也问不出个所以然来。而二条院西殿，女侍日渐增多，终日欢声笑语，如沸如羹。

若是一般男女关系，一旦同居，女方总会情不自禁地多嘴多舌干涉起男方的行动，而男方当初的热情，也会随着女方的寻根究底而逐渐冷却。然则，光源氏与女童的关系并非如此。两人年龄虽仅相差8岁，但女童还是个浑金璞玉的孩子，所以两人此时既非男女关系，亦非父女关系。也因此，即便他们每天夜同寝昼同行，也无人觉得有失体统。这女童，正是日后光源氏的正妻——紫姬。

宫廷骨肉

十二月，按照日期算来，应该是藤壶分娩的时候，却无任何征兆。世人议论纷纷，猜想敢情是中了妖术？皇上更是忧心忡忡。藤壶则寝食难安，生怕东窗事发。只有光源氏暗中推算月数，愈加确信藤壶腹中那孩子是自己的骨肉。所幸到了二月，藤壶终于产下男婴。皇上亟欲见见小皇子，光源氏更渴望看一眼亲生儿子，藤壶女御却再三谢绝访客见小皇子。这婴儿相貌酷似光源氏，简直是公子的翻版，怎能抱出去丢人现眼？

直至四月，藤壶与小皇子才入宫。皇上见小皇子长得很像光源氏，千欢万喜。皇上一直对光源氏心怀内疚，因这儿子分明是皇子身份，却因生母是更衣身份，不得不将其降为臣籍。如今相貌活脱脱是光源氏生母再生的藤壶，竟然又产下五官酷似光源氏的男婴，无怪乎皇上会将小皇子看作心肝宝贝。

某天，光源氏照例到藤壶院参与管弦演奏，皇上抱着小皇子给光源氏看，并感慨地说："我有许多儿子，但只有你从小与

> 十月里,桐壶帝行幸朱雀院,红叶掩映,头中将与光源氏随着音乐跳起青海波舞,怀有身孕的藤壶也亲临聆赏,是为"红叶贺"帖。(土佐光则)

我朝夕相处，跟这孩子一样。每次看到这孩子，我便想到你幼时的情景，这孩子实在很像你。难道孩子在婴儿时期都是同一个模样？"

光源氏听毕，面无血色，内心百感交集，几乎要落下泪来。藤壶在垂帘内听到这番话，也痛心泣血，全身冒出冷汗。愁肠百结的光源氏，目前唯一能遣兴的对象，正是二条院西殿的紫姬。

七月，皇上为了让小皇子成为新太子，便册立藤壶女御为皇后。按理说，应该是弘徽女御成为皇后，但皇上打算于近年退位，让弘徽女御所生之现太子（日后的朱雀帝）即位，那么，弘徽女御便可以成为皇太后，地位稳固。而新太子因没有有力的外戚撑台，只能让生母藤壶晋升为皇后，并让光源氏也升任为参议（宰相），以便日后能辅助新太子。

由女御升级为皇后的藤壶，对光源氏来说，更是遥不可及的存在。为了压抑内心不可告人的苦恋，光源氏只能再度云游于弄柳拈花、浪荡在说雨谈云中了。

孽缘漫漫

寒往暑来，暑往寒来，光源氏 24 岁那年，上皇桐壶院驾崩。桐壶院临死前，向朱雀帝千叮咛万嘱咐，叫他务必要关照同父异母的弟弟光源氏与小太子。然而，时移世变，政权早已转移至弘徽皇太后与朱雀帝的外祖父右大臣手中。待七七四十九天法事过后，藤壶便迁居到三条私邸。虽然朱雀帝谨守上皇遗言，无奈年纪尚轻，性情又过于柔顺，万事都不敢违背母后与外祖父右大臣的决定。如此一来，光源氏在朝廷中的地位也就逐渐无足轻重了。

而隐居于三条私邸的藤壶，则处于进退两难的境地。身为人母，为了保全小太子在朝廷内的地位，她必须抓住光源氏这条藤蔓；可是，为了攀附这唯一的藤蔓，她又不得不屡次忆起自己身为女人的情愫。到底有何方法能让自己逃出这张情网？又有何方法能让自己斩断这条藕丝？桐壶院果真是毫无所知地撒手尘寰，还是早已洞悉真相，却故意将一切秘密都带进黄泉世界？

就在藤壶每天愁眉不展、郁郁寡欢之际，某天夜晚，不知哪位女官从中牵线，光源氏再度闯进藤壶房室来了。

隔着屏风，光源氏细细倾诉着自己难禁的相思之情。藤壶本来硬着心，不为所动，听着听着，竟然悲从心生，忽觉头晕目眩，进而上气不接下气。几位贴身女官见状，手忙脚乱地过来看护。"肇事者"光源氏也惊慌失措，不知如何是好。

天色逐渐发亮，公子依然呆若木鸡，忘了自己不该身在此处。其他女官闻知皇后得了急病，纷纷前来探视，贴身女官之一赶忙将光源氏推进三面都是土墙的里房。不久，皇后的哥哥兵部卿亲王（也就是紫姬的父亲）与中宫大夫也赶来探病。躲在里房的光源氏连大气都不敢喘一声，只能隔着土墙聆听邻房的骚乱。日暮时分，藤壶的病状总算稳定下来，膝行至白天常坐的御座上。兵部卿亲王等人见皇后已没事，便各自告辞离去。

人声寂静后，光源氏从里房悄悄走出来，蹑手蹑脚地来到藤壶居室。

许久没见到佳人容颜，光源氏悲喜交加，竟然落下泪来。激动之余，再度失去理性，悄悄钻进藤壶房室，扯住藤壶的衣裾。

藤壶闻到光源氏身上特有的衣香，大吃一惊，俯伏席上。光源氏懊恨佳人不肯把脸转过来，用力拉扯藤壶衣服。藤壶脱下外衣，想趁机脱身，无奈光源氏手中不但抓住衣裾，也握住藤壶那一头长发。藤壶只好恳求："我今天身体真的很不舒服，请你饶了我吧。"

然而，光源氏岂肯放过此机会，依旧滔滔不绝地诉说着自己的爱慕之情。藤壶只能一味地婉言拒绝。这夜就如此过去了。天一亮，女官们便苦劝光源氏退出。光源氏见藤壶一副半死不活的模样，也只得断念地说："你大概认为我怎么还有脸活在这世上吧？其实我也想干脆自杀了事，可是，我爱你这么深，即使死了，也消弭不了离情仇恨，这叫我怎么死得了呢？"

风月随发落

回到二条院后，光源氏心如死灰，不但不再给藤壶写信，也不进宫，更不去探望皇太子，整天闭门不出，日夜悲叹这段永无归路的风情月债。他原也动了出家之念，但又挂念年幼的紫姬，只好作罢。

与此同时，藤壶更是过得坐卧不安。倘若光源氏自此音信全无，对自己心生隔阂，皇太子的地位恐怕难保，可自己又绝对无法接纳光源氏的恋情。看样子，除了遁入空门外别无他法了。但落发之前，总得见皇太子一面，于是决定微行进宫悄悄向儿子道别。

平素藤壶每次进宫，光源氏必定相随，这回他却以身体不适为由拒绝随行。年方 6 岁的皇太子，见到久违的母亲，异常兴奋，黏在母亲膝前享受短暂的天伦之乐。

12月10日过后，藤壶皇后举行了一场《法华经》八卷开讲活动，为期四天。第四天，藤壶在众目睽睽之下宣布出家为尼，在场的人均大为震惊，她哥哥兵部卿亲王甚至半途起身闯进垂帘内，苦劝妹妹收回成命。但藤壶意志坚决，表示这个决定已无法改变。法会结束之前，皇后的伯父横川僧都亲手为藤壶落发。众人见状，无一不嘤嘤啜泣。光源氏更是心如刀割，散会后依旧坐在席上，不发一言，怅然若失。待众人渐次散去后，他命侍女传言问藤壶："为何如此？"藤壶也命女官代答："我早有此意，并非今日才下决心。"

如此，藤壶皇后丢弃了浮世，也抛却身为女人的七情六欲，选择了只坚守母亲立场的人生。

其后，光源氏在须磨、明石漂泊那一段日子，藤壶单独一人守护着皇太子。待光源氏回京城后次年二月，11岁的皇太子举行了冠礼；是月二十日，朱雀帝退位，皇太子即位，成为冷泉帝。藤壶也晋升为皇太后。光源氏成为内大臣，而一度辞职隐居的左大臣（光源氏的岳父）也东山再起，跃居摄政太政大臣。政权再度回归光源氏与左大臣一派手中。

春去秋来，光源氏32岁那年年初，太政大臣过世了。而藤壶也在这年初春患病，到了三月，病势非常严重。尽管15岁的冷泉帝大规模举行法事，祈祷母后康复，但却无济于事，藤壶还是撒手尘寰，享年37岁。

七七过后，某天，冷泉帝自某僧都口中得知自己的身世秘密。这消息如晴天霹雳，令冷泉帝方寸大乱。本来想将此事隐约说给内大臣光源氏听，却苦于无适当机会，只得自己勤读书籍，想查看古来有无此种前例。他在书中发现，将皇子降为臣籍，任职纳言或大臣后，再度恢复亲王身份，并即帝位者的例子很多，于是他便想援用这种前例，让位给生父光源氏。光源氏当然坚决反对。却也因为如此，光源氏隐隐察觉皇上可能已得知自己的身世秘密了。

这年寒冬，某个瑞雪纷飞的夜晚，藤壶出现在光源氏梦中，愁眉泪眼地责问光源氏："你说过绝不泄露秘密，如今我们的丑事已无法隐藏，教我在黄泉又是羞耻又是痛苦，我好恨啊！"

光源氏想辩解，然而脱口而出的尽是呻吟，身旁的紫姬叫醒了他。醒过来的光源氏，心乱如麻，眼泪夺眶而出。第二天一早起身，不说目的为何，只吩咐各处寺院诵经祈祷。光源氏心想，藤壶生前勤修佛法，想必一切罪孽均已消除，唯独这件事，令她染上污浊，死后也无法洗刷。到底有何办法到阴间去代她受罪呢？即便有办法到冥府找她，佳人也会避而不见，自己恐怕只能成为冥河的迷路羔羊吧。

第七节　葵姬与六条妃子

六条妃子16岁入宫成为太子妃，生下一女后，即同皇太子死别。这位本应登上皇后宝座的女子，不但出身高贵，且才貌双全，虽是未亡人身份，依旧是众多贵公子神往的对象。24岁时与17岁的光源氏相识，禁不住光源氏的猛烈追求，终于陷入情网。然而，对这位小自己7岁的恋人，六条妃子真是既爱又恨。是该放下一切自尊，任自己的感情一泻千里，还是该克己，继续维持上流社会社交沙龙女主人的地位？爱恨交织的情绪，令六条妃子恨不得时时刻刻都伴在光源氏身边。

而光源氏虽摘下人人憧憬的王者香，但他毕竟涉世不深，不懂男女关系的玄妙，不能承担六条妃子那理性面具下的浓烈爱情。两人之间逐渐产生隔阂，冷风阵阵吹。无处泼醋捻酸的六条妃子，只能让魂魄恣意妄为，于某天夜晚咒死了夕颜。

而源氏的第一夫人葵姬，自尊心之高也不亚于六条妃子。两者都是大臣的女儿，自幼便接受"后妃教育"，喜怒不形于色。尤其是葵姬，一直以为自己将成为太子妃，没想到父亲竟将自己许给臣籍的光源氏，夫婿又比自己小4岁。从来没爱过任何人，也不懂如何向男人撒娇卖俏的葵姬，对光源氏来说，是株冰冷无味的干燥花。这对琴瑟失调的夫妻，婚后10年，才总算有了爱的结晶。

祓禊

光源氏22岁那年初夏，因朝代更换，伊势神宫的"斋宫"及贺茂神社的"斋院"都要换人。新"斋院"实行祓禊那天，光源氏是执事公卿之一，必须参与行事。祓禊行列将通过的一条大路，车水马龙，冠盖如云。各处临时搭起的看台，均装饰得美轮美奂。牛车鳞次栉比，贵族女人的衣袖下裳，露在垂帘外争妍斗艳，令人目不暇接。

怀孕中的葵姬，本来不想出来凑热闹，却因年轻女侍的抱怨及母亲的相劝，也搭着牛车赶往现场。无奈晚了一步，现场毫无插足之地。一行几辆牛车和侍从，仗着左大臣家的权势与光源氏正妻的身份，喝令其他牛车退避。其中有两辆牛车，垂帘内的布帘（挂在垂帘内，长度比垂帘长，露在牛车外，以防衣袖下裳弄脏）非常精致，但牛车本身外观有些陈旧，垂帘下露出的衣袖下裳，颜色素淡，显然是避人耳目的微行。车旁的侍从坚持说车内的人是贵人，不能退避。双方侍从互不相让，于是争吵起来。葵姬这方人多势众，最后还是将对方赶到后方。

两辆牛车之一，里面的贵人正是六条妃子。六条妃子的牛车退至葵姬女侍的牛车之后，根本看不到整条大路的行列。支撑横辕的木榻也折断了，牛车横辕只能架在其他破烂牛车的车毂上才能站稳，模样十分落魄。六条妃子懊恼不已，早知如此，真不该来自取其辱。想回家，又无路可通，进退两难。

马上的光源氏风度翩翩，望见情人的马车时，一径顾盼微笑；来到葵姬一行人面前时，更是彬彬有礼地表达敬意。相比之下，六条妃子有如众人脚下的虫子，没人肯正视一眼。这、这、这，教人情何以堪呀！

怨咒

牛车事件以后，六条妃子就病倒了，终日半睡半醒、混混沌沌。而葵姬也在此时卧病不起，请来众多和尚掐诀念咒也都无效。

某天，还未到临盆时期，葵姬竟阵痛频频。光源氏到她枕边探病，葵姬的声音却变成六条妃子，向光源氏说："我本不想做这种事，只因忧思难忘，愁肠百结，魂魄自己到处飘荡，来到这儿。"光源氏才恍然大悟，原来近日缠在葵姬身上的病痛，都是六条妃子的宿怨所致。不久，葵姬产下一男婴，在场的人皆大欢喜。

六条妃子听闻葵姬安产，心中不得平静。她想起自己的魂魄时常出游之事，便觉得自己的衣衫上都是葵姬枕边所焚的芥子香气。洗头更衣后，那香气依旧不散。她确信自己的魂魄必定到过葵姬枕边作祟，愈发愁眉不展，郁郁寡欢。

就在左大臣家的男子都认为葵姬安产，母子平安，松了一口气，准备入宫办事时，葵姬的病情骤然加剧，痛苦万分，家人还来不及向宫中通报，葵姬便与世长辞了。

葵姬过世后，众人以为光源氏会迎六条妃子为正妻，不料，光源氏因怀疑六条妃子咒死葵姬，对她已完全心冷。失意之余的六条妃子，决心陪同被选为"斋宫"的女儿下伊势，离开令人痛心的京城，于是到郊外嵯峨野宫同女儿一起斋戒。

翌年，光源氏 23 岁，六条妃子 30 岁。"斋宫"下伊势的行期将近，光源氏终于下定决心到野宫探望六条妃子。两人娓

「 平安日本 」

▶ 葵姬与六条妃子的"牛车事件",是《源氏物语》中最具冲突性的场面,也是画家所喜爱的题材。(住吉如庆)

▷ 六条妃子与光源氏缘尽情未了,与女儿一起在嵯峨野宫斋戒的她,与光源氏再度见面,执手晤谈,追忆往事,宛如一梦。(住吉如庆)

娓而谈，忆往事、诉衷情。若冷却的爱情能死灰复燃，该有多好？若逝去的时光能倒流，该有多好？

九月，六条妃子随 14 岁的女儿下伊势赴任。6 年后，任期结束，母女俩再度回到京城。六条妃子修缮了六条旧邸，过着悠闲自得的日子，但不久即得重病，落发出家。光源氏得知消息后，赶过来探望患病的往昔恋人。六条妃子将女儿的将来托付给光源氏，并恳求光源氏千万别对女儿动淫心。七八天后，六条妃子结束了她波折的一生。她的一切葬仪佛事都由光源氏安排。

后来，光源氏果真履行了对六条妃子的承诺，认前任"斋宫"为养女，并让她入宫成为冷泉帝的妃子。如此，前任"斋宫"在光源氏的助力下，终于成为秋好皇后。

然而，九泉之下的六条妃子是否过得风平浪静呢？不，她在紫之上生病时，及光源氏后来的正妻女三宫生产后，都再度出现了。由于死后依旧斩不断对光源氏的情丝，六条妃子只能向光源氏身边的女人作祟，发泄她的嫉恨感情。

对男人来说，这种爱情或许太可怕；但对女人来说，能爱到如此程度，未尝不是一种幸福。

第八节　胧月夜

　　光源氏 20 岁那年春季，皇上于紫宸殿举行樱花宴会，宴会至深夜才结束。光源氏带着醉意，悄悄来到藤壶院，见所有房门都已紧闭，只得信步走向弘徽殿，意外发现第三道门未关。明知此处是政敌所在，光源氏依然禁不住好奇，跨门而入。

　　突然里屋传来一阵吟唱古歌的女子声音，那女子逐渐挨近。光源氏赶忙拉住对方袖口。女子从声音得知是光源氏，光源氏却不知共度一夜春宵的对方是何方人物，早晨分手时，两人交换了扇子当信物。

　　后来，光源氏才知道那夜的女子是右大臣的第六位女公子胧月夜，也是弘徽殿的妹妹，且这位女子将来准备入宫成为皇太子的妃嫔之一，算是自己未来的大嫂（胧月夜与朱雀帝的关系，应该是姨妈与外甥，不过，当时的贵族阶级为了掌握政权，此类例子很常见）。

　　此后，桐壶院过世，弘徽殿的儿子成为朱雀帝；藤壶落发出家；葵姬留下一男婴后往生；六条妃子有一个女儿下伊势。而胧月夜也升任了尚侍（负责传达皇上与臣下之意的长官）。胧月夜和光源氏之间，仍维持着信件往来的关系，有时也会趁机偷偷幽会，重温旧梦。这时期的光源氏，不但在政界不得志，心爱的女人也一个个远离，唯独胧月夜毫不考虑自己的地位，对光源氏情有独钟。

▷ 紫宸殿樱花夜宴，光源氏与胧月夜初逢。一个月后右大臣宅邸藤花夜宴，两人再度相逢。图为光源氏透过竹帘窥看内宅的情景。（住吉具庆）

赫炎之爱

　　一方面受皇上宠爱，另一方面又陷于禁忌之恋的胧月夜，因患疟疾，回右大臣家养病。病体痊愈后，用尽心机，夜夜与光源氏幽会。此时，视光源氏为眼中钉的大姐弘徽殿太后也回到右大臣家。在这种环境下，胧月夜和光源氏两人理应更该自我约束、小心谨慎，无奈，偷尝禁果是万古不灭的人性之一，愈是困难重重的恋情，愈是教人缠绵弥思深、缱绻意难终。

　　某天夜晚，骤雨滂沱，雷电交加。黎明时分，众人纷纷起来观看，喋喋不休。光源氏躲在胧月夜的寝台帐幕内，而帐幕外聚集着众女侍，令两人进退两难。雷声停歇、雨势渐小后，右大臣过来探视女辈。他先到弘徽殿太后室内，阵雨声压住了他的脚步声，胧月夜与光源氏都不知右大臣驾临。接着，右大臣贸然走至胧月夜居室，冷不防掀起垂帘，探问女儿有无被吓到。胧月夜只得自寝台膝行出来。右大臣见女儿双颊泛起红晕，以为她患病发烧，随即又瞧见女儿衣服下摆缠着一条男子腰带，心下好生疑惑，并发现屏风下有张写着和歌的怀纸。右大臣上前拾起怀纸，顺手掀起寝台帐幕，这才发现慢条斯理地拉起衣服掩面的光源氏。

　　右大臣惊愕万分，怒火中烧，拿着怀纸转身回正房。胧月夜吓得呆若木鸡，光源氏也懊丧不已。右大臣以前就察觉两人有染，也曾有意中止让女儿入宫的打算，招光源氏为婿。岂知，光源氏当时并不领情，而朱雀帝明知胧月夜已失身于弟弟，仍不计前嫌迎她入宫，宠爱有加。如今，光源氏竟胆大包天做出这等事，天下岂有此理？

弘徽殿太后听闻此事，怒不可遏。光源氏先前不但抢走了葵姬，现在又夺走了儿子心爱的宠妃……也罢，既然光源氏不把皇上放在眼里，干脆趁此机会惩治他一下。

光源氏则因情事暴露，知道若装作无动于衷，迟早会受到更惨的报复，于是决定主动离开京城，闭居须磨。三月二十日，光源氏只带七八名随身侍从，一副平民装扮，悄悄离开京城。这一年，光源氏26岁，紫之上（紫姬）已18岁，而葵姬所留下的儿子夕雾仅5岁。

胧月夜也因东窗事发而成了世间的笑柄，日子过得无精打采。所幸朱雀帝认为她并非具有身份的女御或更衣，只是个朝中女官，就宽恕了她。胧月夜获得赦免，依旧入宫侍奉皇上，也依旧对闭居须磨的情郎一往情深。

情深如水

某天，宫中举行管弦之宴，朱雀帝对胧月夜说："光源氏不在座，有点美中不足。宫中比我更思念他的人，不知有多少呢。一切物事好像都暗淡无光了。"又噙着泪说："我违背了父皇的遗命，大概会遭天谴吧。"胧月夜听毕，也情不自禁地潸然泪下。朱雀帝接着又叹道："我生在这世间，真的毫无意趣，更不希望长生。假若我死了，不知你会感觉如何？你对我的悲恸，大概不如之前同须磨那人生离时那般深吧。想到此，我还真会吃醋呢。"皇上说这话时，态度极为温柔，毫无责备胧月夜之意。胧月夜不禁泣泪成珠。天下最孤独的人，恐怕正是这位既疼惜弟弟，又爱上心在彼方的女人的朱雀帝了。

光源氏自须磨回京后，胧月夜逐渐理解了朱雀帝的深情。

光源氏 40 岁时，早已让位的朱雀院体弱多病，将最宠爱的女三宫（三公主）托付给光源氏，落发出家了。剃度改装那天，胧月夜一直陪在朱雀院身边，依依不舍。朱雀院住进寺院后，光源氏曾再三向胧月夜表示想恢复旧情，但胧月夜一概不接受。某天夜晚，光源氏直闯胧月夜私邸，本来只是隔门晤谈，最后胧月夜终究抵挡不住光源氏的热情，再度与旧情郎共度一夜。后来，她还是选择了朱雀院，瞒着光源氏径自披剃为尼。

若说光源氏的爱情像一把热火，朱雀帝的爱情则有如一盆净水。前者可令女人完全燃烧，后者可令女人息心静气。虽夹在兄弟俩之间挣扎，但同时拥有这两种爱情的胧月夜，以女人的角度来看，我总觉得她并非悲剧主角。然而，胧月夜为了火把般的爱情，确实失去了当皇后的机会，只能当尚侍。皇后身份与赫赫炎炎的爱情，若是你，你会选择哪样呢？

第九节　花散里

生父桐壶院过世，"永远的情人"藤壶又落发出家，绝望的光源氏逐渐陷于胧月夜的热情罗网，却也因此而得罪了弘徽殿太后，政治地位岌岌可危。

在这种失意困境中，光源氏非常怀念生父桐壶院在世时的一切，时时与旧人畅谈前尘往事，一扫心中郁闷。

大概是 25 岁那年吧，五月梅雨时节某天，光源氏想起桐壶院妃子之一丽景殿及其三妹花散里，便微行前往探望。丽景殿因未生男育女，自从桐壶院驾崩，门前日渐冷落，生活全赖光源氏照拂。而花散里，在宫中曾与光源氏有过露水情缘。

来到姐妹宅院，果然不出所料，下人寥寥，林塘阒寂。他先访问了丽景殿，提起昔日情怀，唏嘘不已。辞别丽景殿后，光源氏再去探访花散里，两人深情蜜意话当初，旧情绵绵。

精神上的娘家

光源氏到须磨流浪的那段时期，与花散里频频通信，光源氏始终不忘托人援助花散里姐妹的经济生活。两年半后，光源氏回京，因为公事繁忙加上身份又高，行动不便，迟迟没去见花散里。五月阴雨连绵时，才得以抽空去见旧情人。

久别重逢，花散里态度一如往昔，毫无怨恨之色。不久，光源氏便迎花散里住进改建后的二条东院。

大抵说来，紫式部笔下的女性，丑女比美女多。

▷ 光源氏与桐壶院父子情深,在探望父亲遗孀丽景殿时,与花散里重逢,遂筑就了"精神上的娘家"。(土佐光则)

光源氏的儿子夕雾于 12 岁戴冠后，光源氏托花散里当儿子的监护人，于是花散里便视夕雾为亲生儿子，事事照顾他，因这层关系，夕雾时常隐约窥见花散里的容貌。他曾暗忖："这位继母的相貌真难看啊，但这样的人，父亲也舍不得她。"也曾思量："将来或许找个像花散里那般性情柔顺可亲的对象较好。"但转念又想："同一个相貌难看的人相处，也太乏味了。父亲多年来照顾这个花散里，是因为理解她的相貌及性情，所以对她不即不离，恰到好处。"

由此可见，花散里的容貌，或许不至于丑到如象鼻马脸的小姐（末摘花）那般，但可能也是五十步与百步之差而已。而光源氏同样迎入两位丑女，却托付花散里当儿子的养母，由此不难想见，花散里应当是个富有母性的女人。

若说光源氏是基于同情心才决意照料末摘花终生，那么，对于花散里，光源氏应该是视其为"精神上的娘家"。无论光源氏在外发生什么事，花散里总是一成不变地嘘寒问暖。这对恋母情结极深的光源氏来说，是一种超越肉体关系的归依存在吧。

夏之御殿

之后，光源氏 35 岁那年，豪华的六条院竣工，光源氏迎花散里住进"夏之御殿"。六条院占地四町（严格说来，当时的一町是 4360 坪，但六条院据说有 19000 坪左右，约是甲子园球场的 1.5 倍大），庭园各为春、夏、秋、冬景致。东南区"春之御殿"住进紫之上，日后又再迎进女三宫；东北区"夏之御殿"是花散里；西南区"秋之御殿"是秋好中宫；西北区"冬之御殿"则是明石君。

花散里所居的"夏之御殿"中，不但有清凉泉水，还有绿树浓荫的夏木。窗前种淡竹，凉风习习。树木都很高大，犹如一片森林。四周围着水晶花篱垣，宛如山乡。院内种着橘花、瞿麦、蔷薇、苦胆（有龙胆及牡丹之说）等各种夏花，其间又杂植春秋花木。东部是马场殿，院内建有跑马场，围以栅栏，以供五月赛马之用。

　　而且，从二条东院移居六条院时，花散里的排场不亚于紫之上夫人，一路上由夕雾侍从奉陪，悉心照料。周遭人也都认为她享受如此的待遇理所当然。众侍女各有专用厢房，可说安排得无微不至。正是在此，花散里再度成为光源氏养女玉鬘的养母。

　　以现代女性的眼光看来，花散里是个不起眼的女人，可说是一个普通的家庭主妇，既无所谓的"才华"，外貌更是令人不敢恭维，唯一可取之处，是其裁缝与染布之类的手艺高人一等。但对男性来说呢？不仅光源氏极为看重她，连夕雾于婚后，因与朋友的未亡人陷入情网，致使家庭不和，每逢悒悒不乐时，总是跑到花散里那儿消愁解闷。光源氏临终前，更是将二条东院当遗产赠给花散里。花散里的晚年，在夕雾庇护下，过得十分幸福。

　　这么说来，男人真正需要的，其实是这类富有母性的女人吧！无论男人在外如何拈花惹草，她们总是乖乖待在家里，别来独自守空闺，夜夜焚香拜明月，男人心血来潮归家时，再以笑脸相迎？

　　话虽如此，我私心却认为，或许不是这般。花散里之所以得到光源氏父子两代的珍惜，应该在于她的"一成不变"。她并非只为男人而活，并非缺乏自己的主见。反之，她的主见非常强烈，强烈到他人"看不到"而已。毕竟，不一定得要大声吆喝，登高疾呼，才是所谓的有"主见"。

试想，她的"一成不变"，不正是表示，她的世界丝毫不为男人所影响吗？再者，她的"一成不变"，也不是只针对男人，对同性也一样，这从她跟紫之上交情很好一事，可以看出来。

或许，正因为她的"主见"非常强烈，而她的"主见"是"包容所有心爱的人"，某些现代女性反而看不到她绝不屈服的一面。若我有这种同性朋友，我想，我也会跟光源氏父子一样，珍惜对方。

第十节　明石君

光源氏与胧月夜的情事东窗事发，惹火了右大臣及弘徽殿太后，为避免政治斗争株连藤壶所生的皇太子（日后的冷泉帝，也是光源氏的亲生儿子），光源氏遂决定主动离开京城，闭居须磨。须磨位于现在的兵库县神户市须磨区西部，自古以来即为海岸名胜，风光明媚，但在这一时代是流刑之地，人烟稀少。

落难

光源氏于3月20日出发，从伏见顺着淀川搭船至难波（大阪），再沿海路抵达须磨。当地国守是光源氏往昔的亲信家臣，虽处处暗中照拂光源氏，可比起宫中生活，光源氏的日子毕竟凄凉寂寞。

阴雨连绵的五月过去，烈日炎炎的酷暑到来；萧瑟悲凉的秋风吹起，杨花飞雪沁人心脾。光源氏在此孤寂地过了一年。

话说须磨附近的明石，住着一位地方豪族明石入道，这人的祖先曾在宫廷当过大臣，且与光源氏生母桐壶是堂兄妹，他听闻光源氏客居须磨，有意将女儿许配给光源氏。他的夫人反对，他却一意孤行，把房子装饰得富丽堂皇，静待时机。他的女儿正是明石君，她虽非绝色佳人，却也温顺优雅、聪明伶俐。她平素就打算，若无法嫁给身份高贵的男人，有朝一日父母过世后，就削发为尼或投海自尽。

翌年三月上巳日，光源氏到海边修禊，借以祓除不祥。不

> 被流谪到须磨的光源氏,寂寞听涛,凄凉难说,只得抚琴自解,谁晓得在此僻地野壤,风流倜傥的他又造就了一段姻缘。(住吉如庆)

料，祓禊仪式尚未结束，突然风起云涌，飞沙走石，浪涛澎湃，雷电交加。之后连续几天都是暴风疾雨，而且某天霹雷竟落在光源氏居室外的廊上，把廊子烧毁了。众人吓得魂飞魄散，狼狈不堪。

当天夜晚，光源氏梦见已故的桐壶上皇，桐壶上皇警告他必须火速离开须磨。第二天，果然有船驶来求见，原来是明石入道。根据入道的说明，他于巳日梦见有人叫他在今日来接光源氏离开须磨。光源氏左思右想，觉得梦境与现实很吻合，或许是天意，于是只带四五名亲信，便登船出发了。

四月某天夜晚，明石入道终于向光源氏说出他女儿的事，并恳求光源氏收她为妻。翌日，光源氏立即写了一封和歌情书，遣人送到明石君居住的山边内宅。但明石君却不回信，她觉得两人身份相去甚远，不敢高攀。入道只好代女儿回信。第二封以后，由明石君亲笔回函，往后两人每隔两三天就通一次信。

八月十三月明之夜，入道擅自做主，请光源氏到山边内宅。这晚，光源氏与明石君成为露水夫妻。光源氏当然只是逢场作戏，他的心依旧系在京城紫夫人身上，他在信中告诉紫夫人有关明石君的事，紫夫人虽不高兴，也没明言指责光源氏。光源氏深受感动，为表示忠诚，许久不去见明石君。

明石君早就察觉，自己与光源氏只是短暂的姻缘，然而她在光源氏面前，并不透露内心的苦恼，仍然和颜悦色。日久生情，光源氏也逐渐加深了对明石君的爱意。

第三年春季，朱雀帝不顾弘徽殿太后的反对，决定赦免光源氏。七月二十过后，朱雀帝再度降下圣旨，催促光源氏返京。明石入道闻讯，不胜悲伤，却也无可奈何。而明石君则于六月怀孕了。

仲秋八月，光源氏终于决定返京。启程之前，他向明石君发誓，有朝一日定会迎她入京。

归来

返京后，光源氏恢复了官位，并升任权大纳言。隔年二月，他又因冷泉帝即位，升任内大臣。宫内本来只有左右大臣官职，这时没空位，暂且以内大臣之名当作额外的大臣职位。而其岳父左大臣（葵姬之父）则升任太政大臣。

三月中旬，明石君产下一女婴，该女婴是光源氏的独生女。光源氏派了一名乳母到明石负责照料婴儿。在此之前，光源氏一直不敢将明石君怀孕之事告诉紫夫人，现在孩子落地，他只得在紫夫人听闻风声之前，先一步告诉她实情。

这年秋天，29岁的光源氏到大阪参拜住吉明神神社，因身份是内大臣，仪仗极为壮观，轰动一时。而往昔每年都来参拜的明石君，也前来参拜。她亲眼看到光源氏的风光排场，再度体会两人之间的身份之差，黯然神伤，只是远远地合掌礼拜，悄悄离去，次日再前往神社奉献供品。

又过了两年，二条院东院修筑工程竣工，光源氏迎花散里住进西殿，东殿打算迎进明石君，北殿则收容了所有曾一时结缘、经济状况不好的女人。他经常去信催促明石君早日上京，但明石君唯恐身份低微的自己参与贵族行列后会受到歧视，迟迟不肯应允。明石入道也认为女儿的顾虑确实有道理，大家一筹莫展，后来才想到夫人已故的祖父在京郊嵯峨地方的大堰河附近有一所别墅，便花钱请人修理之后，让明石君母女搬过去住。此时，明石君 22 岁，明石姬才 3 岁。

母女俩搬到大堰河后，光源氏大约一月来探望两次。而这年冬天十二月，明石君为了女儿的将来，终于忍痛让光源氏带走了明石姬。

岁月流逝，光源氏 35 岁那年八月，豪华的六条院完成，明石君等其他夫人都迁进后，才于十月最后一个住进去。

明石姬 11 岁那年春季，以太子妃的身份入宫，当天，养母紫夫人亲自伴送。三天过后，明石君也入宫接替紫夫人，并从此常住宫内，当太子妃的监护人。两位夫人初次见面，竟一见如故，彼此无话不谈。这一年，光源氏也升任准太上天皇，地位达到最高峰。

翌年，明石姬产下一子，她又于四年后成为皇后，明石一族愈加显赫。

《源氏物语》中这段明石君的故事，完全是妻以夫贵、母以女贵的例子。她的身份跟作者紫式部一样，都是地方官的女儿，本应嫁给同是地方官身份的男人，过着平凡的一生，却因"教育爸爸"的影响，对自己的婚姻抱持宁缺毋滥的观念。而也多亏了这位"教育爸爸"的严苛教育，她才成长为高尚文雅的女性。

明石君看似缺乏自立心，凡事任凭父亲安排。可是，其实父亲只是帮她抓住机会而已，她与光源氏结缘后的一切行动，全是自己所下的决定：参拜住吉明神神社时，她望见夫君的荣华，悄悄离去；忍痛让女儿成为紫夫人的养女时，也并非光源氏强迫她如此做；住进六条院后，明知亲生女儿住在紫夫人的"春之御殿"，也不吵着想要回女儿。她深知自己的出身身份

「平安日本」

▷ 光源氏返京后,位极人臣。明石君生下一女,为了女儿的将来,终于忍痛让光源氏带走明石姬,数年之后,母女方始重逢。(住吉具庆)

比不过众夫人，事事非常节制、谨慎。若是现代女人，恐怕早就因自己生了光源氏的孩子而趾高气扬、不可一世了。正因为她有这种凡事退半步的自觉，最后才得以入宫，成为皇后的监护人。

明石君可说是《源氏物语》中最幸福的女人。或许，她的人生经历也可以说是紫式部的梦想吧。

第十一节　紫之上

光源氏 18 岁时，以抢劫方式迎入当时才 10 岁左右的紫之上，并于第一夫人葵姬过世后，与 13 岁的紫之上结为夫妻。简单说来，紫之上是光源氏精心培育的理想妻子。而紫之上也确实成长为男性眼中的理想女性；或许也是女性眼中的理想女性。

至爱多憾

然而，紫之上最大的不幸，是她无法生育。其实无法生育倒也无妨，毕竟光源氏自始至终最爱的女人是紫之上。何况明石君还让出自己的女儿，让紫之上体会到身为人母的幸福。

光源氏 40 岁那年，迫不得已娶了哥哥朱雀院上皇最心疼的女儿女三宫，因对方是皇女身份，在六条院中当然位居第一夫人。光源氏此时的地位是准太上天皇，女儿明石姬又是太子妃，但无论是紫之上或是其他夫人，她们的身份都是中流贵族，何况紫之上虽是实质上的女主人，却非正式娶进来的夫人。朱雀院正是考虑到这点，才在病床上恳请弟弟娶自己的女儿为正式夫人。此时，女三宫才十三四岁，紫之上三十二岁，面对一个年龄可以当自己女儿的"情敌"，这场战争怎么打得起来？

在这种风吹两边倒的处境下，光源氏竟然又去找胧月夜重温旧梦。紫之上看到光源氏于清晨睡眼蒙眬归来的模样，当然心知肚明，却也只能笑道："你真是返老还童，比以前更风流，让我感觉无依无靠，好痛苦。"说毕，无声流下眼泪。

夏天，紫之上的养女明石姬因怀孕好不容易才乞假回六条院休养。紫之上去探看养女时，顺便也去会见女三宫。当她亲眼看到女三宫那天真烂漫的孩童模样，安心不少，但此举也等于承认，自己虽是六条院女主人，第一夫人却是女三宫。

四年后，冷泉帝退位，朱雀院第一皇子即位，明石姬所生的儿子成为新皇太子。这么一来，20岁的女三宫身份不但是皇女，也是当代天皇的妹妹，而天皇又特别关照这位妹妹，晋封她为二品官，女三宫的身份愈发显赫。光源氏对女三宫更是不能怠慢了，在她那儿住宿的夜晚增多。而紫之上既不能跟对方争宠，又加上夜夜抱枕孤眠，于是逐渐郁郁寡欢，哀愁攻心。她要求光源氏让自己出家，但光源氏不肯。其实紫之上早在女三宫下嫁六条院当时，就已萌生出家之意。

某夜，紫之上病倒了。光源氏吩咐无数寺院举行护摩祈祷仪式，也召唤僧人前来诵经念咒，更做了许多佛事，却都无效。光源氏将紫之上迁至二条院，明石皇后也迁至二条院与光源氏一起照看紫之上，但紫之上的病情却一直没有好转。

往事如报

就在众人都聚集在二条院时，某天，头中将（最后官位是致仕大臣）的儿子中纳言柏木，闯入六条院女三宫房间，强硬与女三宫发生了关系。柏木往昔曾在六条院窥视过女三宫姿容，自那时以后，他始终暗恋着女三宫，甚至娶了其姐姐女二宫，却一直念念不忘女三宫。

▷ 光源氏 40 岁时，紫之上特意在嵯峨野的佛堂为他供养药师佛祝寿，接着又在私邸二条院中大肆庆贺，图为夜宴的热闹场面。

生性胆小谨慎的女三宫，于事后只感觉狼狈羞耻，害怕得每天悲叹不已，愁眉不展。光源氏听闻女三宫也病倒了，慌忙赶回六条院，但见女三宫没什么显著病状，只是沉默不语、垂头丧气。光源氏以为自己久未来宿，女三宫因此而闹脾气，便向她详细说明紫之上的病情，好话安抚女三宫。女三宫更觉对不起光源氏，只能暗地饮泣。

　　光源氏在六条院这边时，忽闻紫之上噩耗，又慌忙赶到二条院。所幸只是六条妃子的亡魂附身，紫之上又死而复生。可怜的六条妃子，在九泉之下，依旧念念不忘光源氏，因光源氏在紫之上病倒之前，曾向紫之上分析过去有纠葛的女性性情，也说起六条妃子脾气古怪，且极为记恨，并赞叹明石君修养功夫很好，内心藏有远见，难怪六条妃子会自阴间跳出来抗议。

　　紫之上死而复生后，光源氏愈加惶恐不安，想起紫之上长久以来的出家夙愿，便将她的头发剪下些许，又请来法师，让紫之上受了五戒。

　　女三宫自从遭遇那可悲的事件后，柏木又几度来幽会，涉世不深的女三宫不胜痛苦，却也不知该如何拒绝，一个月后，终于察觉身体有异。光源氏得知女三宫身体不适，这时紫之上的病情也稍微好转，于是便回六条院探看。他听女侍说女三宫怀孕了，虽然心生疑惑，但也没追问。他在六条院住了两三天，此事令柏木醋意大发，写了一封充满嫉妒的信，遣人送去。女三宫不想看信，随手将它塞在座垫底下。不料，隔天清晨，竟被光源氏发现了那封信。

　　光源氏从信中得知女三宫腹中那孩子的真正父亲不是自己，又想到自己过往的事情，只能表面上装作若无其事。他对女三

➢ 柏木与女三宫的孽缘，由猫牵线。图为柏木辗转讨得猫后、宠爱有加的情景。（土佐光吉）

宫的态度仍如往昔，甚至因女三宫怀孕而对她更加亲切优厚，只是内心对她已有隔阂，常怀不快之感。

十二月，为了替朱雀院贺寿，众人聚集在六条院排演节目。柏木本以生病为由拒绝参加，经光源氏两度相邀，他才因情面难却来到六条院。这天，光源氏对柏木和颜悦色，毫无谴责之意。但试演当天，光源氏却借酒发疯，特地指名说："须知你的青春是短暂的，时光不会倒流，任何人都逃不了衰老。"又硬逼他喝光几杯酒。柏木回家后，竟真的生起大病。

后来，女三宫产下一男婴，光源氏在人前虽掩饰得很好，却始终无意看那孩子一眼。在这方面，光源氏实在不如他父亲桐壶院。而朱雀院听闻心爱的女儿产后一直缠绵病榻，光源氏又遣人前来启奏女三宫的病情，顾不得出家人规例，当夜便悄悄前往六条院探病，并于天亮之前，召唤了正在进行护摩祈祷仪式的法师，替 21 岁的女三宫落发，成全了女儿的心愿。而柏木听闻女三宫生产及出家的消息后，病势愈发沉重起来，最后如泡影般撒手尘寰，享年 33 岁。

身与时尽

之后，女三宫远离俗世的爱恨情仇，在光源氏的保护下，过着安静的修道生活。晚年，更是在儿子薰君的庇护下，度过了平稳的一生。

然而，因一位无邪少女的闯入，导致中年夫妻关系陷于危机的另一位也曾是无邪少女的紫之上呢？

紫之上自从前年生了那场大病后，身子始终很衰弱。她一直恳求光源氏让她落发出家，但光源氏坚决不许。光源氏自己

252 「平安日本」

▷ 秋风夕暮,病入膏肓的紫之上侧卧歇息,一旁的光源氏低头无语,静静沉思往事种种,物哀离悲,遽涌心头。(日本国宝)

也有出家的愿望，只是深恐一旦两人都出家的话，修行期间无法见面，万一紫之上在这修行期间有什么三长两短的话，他岂不是悔恨终生？

光源氏51岁、紫之上43岁这年春天，紫之上在二条院举行了《法华经》千部供养法会。法会非常庄严。而且上自皇上、皇后，以及六条院诸夫人，各方都送来种种诵经布施和供佛物品。当天，花散里夫人和明石君夫人也都到场了。法会结束后，紫之上的病情依旧不见起色。

夏日时分，紫之上的养女明石皇后前来探病，皇后生母明石君夫人也来了，紫之上托她们在自己过世后，务必要代自己照拂那些无依无靠的女侍们。

挨过了夏季，气候逐渐凉爽，八月十四日，紫之上在明石皇后与光源氏的看顾下，溘然长逝。葬仪的一切，皆由夕雾一人主掌。而夕雾在做法事的七七四十九日中，一直闭居二条院，足不出户，朝夕侍奉父亲光源氏。

腊尽春回，光源氏52岁，终日活在思念与悔恨的情怀中。梅雨时期，他也每天除了沉思冥想，无所事事。七月乞巧，六条院无管弦之会，女侍们也没去看牵牛、织女两星相会，光源氏更是整日枯坐沉思。

任凭夏去秋来，眼看腊尽冬残又一年，光源氏开始整理身边的物品，年关一过，他就要遁世。所有过往情书，他均命女侍烧毁。而流放须磨期间，紫之上所寄来的信，光源氏则亲手整理成一束，也命女侍烧毁了。

光源氏最后一首和歌如是说：

もの思ふと（乱心思多恨，）
过ぐる月日も（日月哀中过。）
知らぬ间に（冥冥漠漠间，）
年も我が世も（此年与吾身，）
今日や尽きぬる（即此共销尽。）

附录：平安历代天皇

代数	天皇名号	公元年代	年号	备注
五十	桓武天皇	781 年	延历	唐德宗建中三年
五十一	平城天皇	806 年	大同	
五十二	嵯峨天皇	809 年	弘仁	
五十三	淳和天皇	823 年	天长	
五十四	仁明天皇	833 年	承和、嘉祥	
五十五	文德天皇	850 年	仁寿、齐衡、天安	
五十六	清和天皇	858 年	贞观	
五十七	阳成天皇	876 年	元庆	
五十八	光孝天皇	884 年	仁和	
五十九	宇多天皇	887 年	宽平	
六十	醍醐天皇	897 年	昌泰、延喜、延长	
六十一	朱雀天皇	930 年	承平、天庆	
六十二	村上天皇	946 年	天历、天德、应和、康保	
六十三	冷泉天皇	967 年	安和	北宋太祖乾德五年
六十四	圆融天皇	969 年	天禄、天延、贞元、天元	永观
六十五	花山天皇	984 年	宽和	
六十六	一条天皇	986 年	永延、永祚、正历、长德	长保、宽弘
六十七	三条天皇	1011 年	长和	
六十八	后一条天皇	1016 年	宽仁、治安、万寿、长元	
六十九	后朱雀天皇	1036 年	长历、长久、宽德	
七十	后冷泉天皇	1045 年	永承、天喜、康平、治历	
七十一	后三条天皇	1068 年	延久	
七十二	白河天皇	1072 年	承保、承历、永保、应德	
七十三	堀河天皇	1086 年	宽治、嘉保、永长、承德	康和、长治、嘉承
七十四	鸟羽天皇	1107 年	天仁、天永、永久、元永	保安
七十五	崇德天皇	1123 年	天治、大治、天承、长承	保延、永治
七十六	近卫天皇	1141 年	康治、天养、久安、仁平、久寿	南宋高宗绍兴十一年
七十七	后白河天皇	1155 年	保元	
七十八	二条天皇	1158 年	平治、永历、应保、长宽	
七十九	六条天皇	1165 年	永万、仁安	
八十	高仓天皇	1168 年	嘉应、承安、安元、治承	
八十一	安德天皇	1180 年	养和、寿永	
八十二	后鸟羽天皇	1183 年	元历、文治、建久	南宋孝宗淳熙十年